沧州市地方标准

涉路工程安全评价规范

DB1309/T 308—2024

主编单位：沧州交发工程设计有限公司
　　　　　沧州市交通运输局
　　　　　沧州交通发展(集团)有限责任公司
批准部门：沧州市市场监督管理局
实施日期：2024年09月08日

人民交通出版社

北京

图书在版编目(CIP)数据

涉路工程安全评价规范 / 沧州交发工程设计有限公司等主编. — 北京 : 人民交通出版社股份有限公司, 2025. 1(2025. 3 重印). — ISBN 978-7-114-19780-2

Ⅰ. U415. 12-65

中国国家版本馆 CIP 数据核字第 2025UR2458 号

标准类型: 沧州市地方标准
标准名称: 涉路工程安全评价规范
标准编号: DB1309/T 308—2024
主编单位: 沧州交发工程设计有限公司
沧州市交通运输局
沧州交通发展(集团)有限责任公司
责任编辑: 朱明周
责任校对: 赵媛媛　魏佳宁
责任印制: 刘高彤
出版发行: 人民交通出版社
地　　址: (100011)北京市朝阳区安定门外外馆斜街 3 号
网　　址: http://www.ccpcl.com.cn
销售电话: (010)85285857
总 经 销: 人民交通出版社发行部
经　　销: 各地新华书店
印　　刷: 北京交通印务有限公司
开　　本: 880×1230　1/16
印　　张: 3
字　　数: 86 千
版　　次: 2025 年 1 月　第 1 版
印　　次: 2026 年 3 月　第 3 次印刷
书　　号: ISBN 978-7-114-19780-2
定　　价: 50.00 元

目　次

前　言

本文件按照 GB/T 1.1—2020《标准化工作导则　第 1 部分：标准化文件的结构和起草规则》的规定起草。

请注意本文件的某些内容可能涉及知识产权。本文件的发布机构不承担识别知识产权的责任。

本文件由沧州市交通运输局提出并归口。

本文件起草单位：沧州交发工程设计有限公司
沧州市交通运输局
沧州交通发展(集团)有限责任公司

本文件主要起草人：程兴园、刘俊德、李宝银、张锋、郭延庆、刘文伟、张法超、孙世昌、徐庆峥、刘伟、蔡志鹏、卢宝忠、卢红岩、邵长余、王文强、叶祖香、徐虎南、张亮、李浩增、沈杰、严丽、安桂萍、张昭、王树凯、魏郁材

请各有关单位在执行本文件过程中，将发现的问题和意见，函告《涉路工程安全评价规范》编写组（地址：沧州市新华区建设北大道 9 号；邮编：061000；联系人：程兴园；电话：18000678688；E-mail：707651006@qq.com），以便下次修订时参考。

涉路工程安全评价规范

1 范围

本规范规定了涉路工程安全评价的术语和定义、总则、基本规定、跨越式涉路工程、穿越式涉路工程、并行式涉路工程、接入式涉路工程、利用式涉路工程、施工安全管理规定和工程验收与养护管理制度等。

本规范适用于沧州市行政区域内各级公路的涉路工程安全评价，其他道路可参照执行。

2 规范性引用文件

下列规范中的内容通过文中的规范性引用而构成本规范必不可少的条款。其中，注日期的引用文件，仅该日期对应的版本适用于本规范；不注日期的引用文件，其最新版本(包括所有的修改单)适用于本规范。

GB 5768	道路交通标志和标线
GB 14886	道路交通信号灯设置与安装规范
GB/T 28651	公路临时性交通标志
GB 50061	66kV 及以下架空电力线路设计规范
GB 50156	汽车加油加气加氢站技术标准
GB 50183	石油天然气工程设计防火规范
GB 50217	电力工程电缆设计标准
GB 50251	输气管道工程设计规范
GB 50423	油气输送管道穿越工程设计规范
GB 50545	110kV~750kV 架空输电线路设计规范
GB 50665	1000kV 架空输电线路设计规范
GB 50790	±800kV 直流架空输电线路设计规范
JTG B01	公路工程技术标准
JTG B02	公路工程抗震规范
JTG D20	公路路线设计规范
JTG D30	公路路基设计规范
JTG D60	公路桥涵设计通用规范
JTG D81	公路交通安全设施设计规范
JTG D82	公路交通标志和标线设置规范
JTG F80/1	公路工程质量检验评定标准
JTG F90	公路工程施工安全技术规范
JTG/T H21	公路桥梁技术状况评定标准
JTG H30	公路养护安全作业规程
JTG 2112	城镇化地区公路工程技术标准
JTG/T 3360-01	公路桥梁抗风设计规范
JTG 3363	公路桥涵地基与基础设计规范
JTG/T 3365-02	公路涵洞设计规范

JT/T 1116 公路铁路并行路段设计技术规范
JT/T 1311 公路铁路交叉路段技术要求
SY/T 6064 油气管道线路标识设置技术规范
SY/T 6968 油气输送管道工程水平定向钻穿越设计规范
YD 5102 通信线路工程设计规范
CECS 246 给水排水工程顶管技术规程
CJJ 11 城市桥梁设计规范
TB 10002 铁路桥涵设计规范

3 术语和定义

下列术语和定义适用于本文件。

3.1

涉路工程

在公路、公路用地范围或建筑控制区范围内，构筑结构物、敷设公共设施或使公路改线的建设工程项目。

3.2

跨越式涉路工程

道路、铁路以及各类管线等从公路路面或桥涵结构物上方架空通过的涉路工程。

3.3

穿越式涉路工程

道路、铁路以及各类管线等从公路路基或桥涵下部通过的涉路工程。

3.4

并行式涉路工程

在既有公路的一侧或两侧的公路用地或建筑控制区范围内并行修建公路、铁路、河道以及敷设各类管线或架设非公路标志等的涉路工程。

3.5

接入式涉路工程

道路、铁路、单位、企业及加油加气站等在相近高程上与公路平面交叉的涉路工程。

3.6

利用式涉路工程

利用公路既有的结构物敷设管线、悬挂非公路标志等的涉路工程。

4 总则

4.1 涉路工程的设计和施工方案应结合地区特点、公路的交通特性等进行综合分析确定，在发挥自身功能和安全的前提下，充分保障公路及其附属设施的质量和安全。

4.2 所有涉路工程的结构物及附属设施均不得侵占公路建筑限界，不得妨害公路交通安全和人员安全，并不得损害公路的构造和设施。

4.3 涉路工程的设计、施工及运营管理等应符合国家相关法律、法规、方针政策及现行相关行业标准、规范的要求。涉路工程的设计应考虑其运营、维修、养护等对公路交通安全和公路质量安全的影响，并采取相应的措施。

4.4 涉路工程的施工活动不应影响既有公路及其附属设施的结构安全和运营安全，涉路工程运营、养护和维修期间不应对公路的运营安全存在潜在威胁,涉路工程的建设不得降低公路的服务水平。

4.5 涉路工程投入运营后,涉路工程所有人、管理人应定期进行维护,确保涉路工程设施不影响公路运营安全。当涉路工程的设施存在安全隐患或对公路交通的发展产生制约因素时,公路管理机构有权要求涉路工程所有人对涉路工程设施进行完善和加固,必要时有权责令拆除。

4.6 涉路工程的支撑结构及附属物应设置在公路路侧安全净区以外,并符合距离公路的最小水平距离的要求;当条件受限必须设置在路侧净区范围内时,应结合驶出路外车辆的碰撞后果,采取相应的安全措施。

4.7 涉路工程不应设置在公路交通事故多发路段或设施维修时会严重妨碍交通的路段。

5 基本规定

5.1 一般规定

5.1.1 涉路工程应根据工程复杂程度和对公路影响程度,在不同的工程阶段开展安全评价,应符合下列规定:

a) 在可行性研究或方案论证阶段,可针对工程重要技术指标开展安全评价。

b) 在设计阶段,宜开展设计文件的安全评价。

c) 进行下列涉路工程施工活动,应在开工前进行涉路工程安全评价:

(1) 因修建铁路、机场、供电、水利、通信等建设工程需要占用、挖掘公路、公路用地或者使公路改线。

(2) 跨越、穿越公路修建桥梁、渡槽或者架设、埋设管道、电缆等设施。

(3) 在公路、公路用地、建筑控制区范围内架设、埋设管道、电缆、非公路标志等设施。

(4) 利用公路桥梁、隧道、涵洞铺设电缆、管线等设施。

(5) 利用跨越公路的设施悬挂非公路标志。

(6) 在公路上增设或者改造平面交叉道口。

5.1.2 保障公路、公路附属设施质量和安全的技术评价报告应根据相应的公路等级,由具有对应公路工程设计资质或咨询资质的单位进行编制。其设计方案、施工方案、应急预案也应由熟悉公路行业技术规范的单位编制,并符合相应行业的资质要求。

5.1.3 涉路工程安全评价应当遵循保障安全、持续发展、节约资源、统筹兼顾、尊重科学、客观公正的原则。进行涉路工程安全评价工作时,评价报告所依据的基础资料应齐全、翔实和可靠。

5.1.4 涉路工程安全评价应针对涉路部分的设计方案是否符合公路行业技术标准、涉路工程是否对公路结构安全产生影响、涉路工程对公路交通安全是否产生影响等方面进行评价,并提出明确结论。

5.1.5 涉路工程安全评价应针对涉路工程施工过程对公路结构安全的影响、施工交通组织方案和施工期应急预案的合理性等方面进行评价,并提出明确结论。

5.1.6 涉路工程建设和运行对既有公路附属设施有影响的,应在评价结论中明确调整建议。

5.1.7 涉路工程安全评价应采用统一的国家法定计量单位、高程及坐标系统,并符合相关保密规定。

5.2 评价方法

5.2.1 涉路工程安全评价可采用规范符合性检验法、安全检查清单法、经验分析法、数值分析法、交通仿真法、定量计算法等。

5.2.2 对于设计方案、施工方案中涉及公路结构安全的内容,可采用数值分析法、经验分析法、安全检查清单法等进行评价。

5.2.3 对于设计方案、施工方案中涉及交通安全的内容,可采用规范符合性检验法、安全检查清单法、交通仿真法、经验分析法、定量计算法等进行评价。

5.3 控制指标及要点

5.3.1 涉路工程建设和运行对既有公路路基的影响,应符合以下规定:

a) 一般路段路基工后累计沉降量不应大于 20mm,二级及二级以上公路桥梁台后过渡段范围内工后累计沉降量不应大于 10mm;路基工后累计横向水平位移不应大于 10mm。

b) 路基工后累计沉降量一般情况下是指从开始施工至工程完成后一年内的累计沉降量。

c) 路基工后沉降计算应考虑行车荷载对沉降的影响,当覆土厚度大于 2.5m 时可忽略不计。

5.3.2 涉路工程建设和运行对既有公路桥梁结构安全的影响,必须符合下列规定:

a) 相邻墩台间不均匀沉降差值,不应使桥面形成大于 0.1%的附加纵坡(折角)。

b) 桩顶水平位移不大于 3mm。

c) 超静定结构桥梁墩台间不均匀沉降差值,应符合结构的受力要求。

5.3.3 涉路工程在公路范围内构筑的结构物,其结构设计应符合现行 JTG D60 中的作用及其组合、JTG 3362中的承载能力极限状态和正常使用极限状态设计、JTG 3363 中的地基承载力验算,以及 JTG/T 3365-02、JTG D61 和 JTG B02 中的相关规定。

5.3.4 涉路工程施工作业区应按现行 GB 5768、JTG H30、GB/T 28651 进行布置,并依据施工作业内容、封闭位置、导流方式及封闭时间等情况确定作业区布置方案。

5.3.5 涉路工程施工需要中断交通的,或者全车道封闭借用对向车道通行并且作业期限超过 15 日的(紧急情况除外),涉路施工单位应在进场建设(施工)前 5 日向社会公告,并明确切实可行的绕行路线。涉路工程施工遇重大节假日、特殊活动或恶劣天气等情况应停止涉路施工作业,进场施工时间顺延。

5.3.6 涉路工程施工险情和意外事故的应急预案编制应符合 GB/T 29639 的要求。应急预案的评价可参照《生产经营单位生产安全事故应急预案评估指南》(AQ/T 9011—2019)进行,评价内容包括但不限于:危险源辨识与风险分析的针对性、组织机构和处置方案的科学性、应急响应程序和保障措施的可操作性等。

5.4 评价结论

5.4.1 涉路工程安全评价应形成评价结论,评价结论应综合考虑涉路工程是否符合本规范评价内容中的强制性要求和一般性要求,分为通过、完善后通过、不通过 3 种类型。

5.4.2 评价内容中强制性要求和一般性要求均符合时,评价结论为通过。

5.4.3 评价内容中强制性要求符合,其他一般性要求不符合时,评价结论中应逐条总结评价内容与评价标准相比较存在的问题,并提出改进建议,明确方案调整具体要求,评价结论为完善后通过。

5.4.4 强制性要求有一项不符合的,评价结论为不通过。

6 跨越式涉路工程

6.1 一般规定

6.1.1 跨越式涉路工程的设计应考虑公路现状及远期规划的需求。

6.1.2 跨越式涉路工程设计时,应对跨越位置的公路影响范围进行视距检验。视距不良路段或设置构造物后影响行车视距的路段不应设置跨越式构造物。

6.1.3 路侧安全净区范围内不宜设置构造物。因条件受限必须在路侧安全净区内设置构造物时,应进行专项论证并采取相应的安全保障措施。

6.1.4 跨越式涉路工程的建设不应对公路交通标志造成遮挡或影响交通标志的视认。如条件受限,必须在公路既有交通标志附近设置结构物时，应依据 GB 5768 以及 JTG D81 等的相关规定，根据交通工程原理对交通标志与涉路工程的位置关系进行计算论证。

6.1.5　跨越式涉路工程，在路侧有高出路面的构造物时，为保障行车安全，应在构造物立面或侧面上设置反光立面标记或警示标志。

6.1.6　跨越式涉路工程不宜在以下区域进行跨越：

a）　视距不良路段。

b）　竖曲线半径小于行车视距的竖曲线底部。

c）　隧道洞口、互通立交桥附近。

d）　不符合视距要求的平面交叉口范围内。

6.1.7　跨越公路的涉路工程抗震设防标准不应低于公路相应抗震设计要求，其设计荷载等级、安全等级等宜适当提高。

6.1.8　输送有毒、有害、易燃、易爆、高温等物质的管道不宜跨越公路，以保证公路交通安全。如受特殊条件限制，必须采用跨越方式通过公路时，宜在公路路基段设置专用管桥、渡槽等结构物，不应选择在公路桥梁上空跨越。各种管线跨越公路的设施，不得侵占公路建筑限界，不得妨碍公路交通安全、损害公路设施，也不得对公路及其设施形成潜在威胁。

6.2　桥梁跨越

6.2.1　桥梁跨越包括公路桥梁、城市道路桥梁、铁路桥梁等及以桥梁形式跨越公路的渡槽、廊道、管道等。

6.2.2　跨越公路桥梁的净宽、净高应结合跨越位置的实际线形指标、交通特征、被跨越公路的规划、养护、冬季路面积雪厚度等综合考虑，还应考虑到日常维修、更换、安全距离要求等。

6.2.3　跨越公路桥梁的任一点的有效净空均应符合相应净空高度的规定，如图 1 所示。

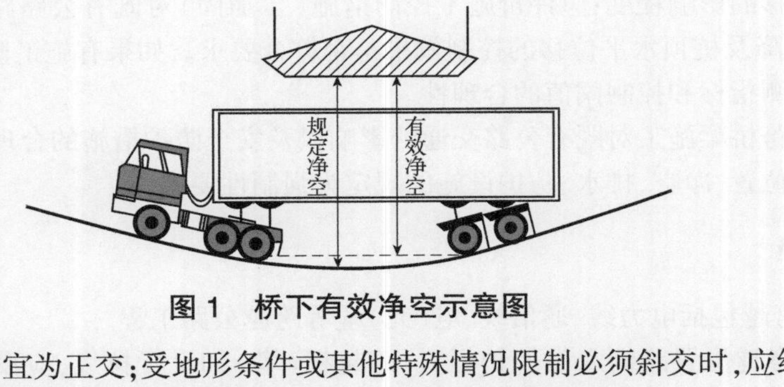

图 1　桥下有效净空示意图

6.2.4　桥梁跨越公路时，宜为正交；受地形条件或其他特殊情况限制必须斜交时，应结合公路、铁路的线形条件，尽量设置较大的交叉角度。当交角小于 45°时，应开展专题论证。

6.2.5　桥梁设计时应符合以下规定：

a）　跨越位置宜选在双方线形均为直线的地段，或平、纵线形技术指标高且通视良好的地段。

b）　跨线桥布孔和跨径应符合被交公路建筑限界、视距、对前方公路识别、通视和公路后期规划的要求。主孔宜一孔跨越公路全断面，除主孔外还应有适当长度的边孔。

c）　跨线桥采用分期修建时，跨线桥应按规划规模一次建成。

d）　跨越四车道公路时，不得在中间带设置中墩。跨越六车道及以上公路时，必须在中间带设置中墩时，中墩两侧必须设置防撞护栏，并留足设置防撞护栏和护栏缓冲变形的安全距离，不得在局部范围内改变中间带宽度而使行车道扭曲。

e）　跨线桥不得压缩桥下公路横断面的任何组成部分，以及原有的渠道、通信管道等设施，并留有余地。跨线桥布孔时应预留足够的侧向余宽，不得将墩（台）设置在公路边沟、排水沟内。

f）　跨线桥前方有出、入口时，跨线桥应设置供通视用的辅助桥孔；跨越位置位于公路曲线段范围时,应符合重载汽车停车视距的要求。

g) 跨线桥下为路堑时,若路堑不深,宜将桥墩(台)置于坡顶之外;若路堑较深或边坡缓而长且需在边坡上设置桥台时,则应将墩(台)置于坡顶附近,不得布置于坡脚处,并应对路堑边坡稳定性进行分析。

h) 当所跨公路为桥梁时,桥墩(台)设置应考虑对公路桥梁基础的影响,施工方案宜优先采用转体施工。

i) 跨线桥应设置防撞护栏和防护网;当高速铁路桥梁采用无砟轨道时,经论证可不设置防护网。

j) 跨线桥上不宜设置商业广告和同交通安全无关的宣传栏目。

k) 跨线桥上悬挂交通标志时,不宜采用通栏式,且上、下边缘不得超出护栏顶部和边梁外缘底线。

l) 跨线桥及其引道的排水系统应自成体系,跨线桥桥面雨水不得直接排至公路建筑限界范围内。

m) 跨线桥梁的抗震设防标准应不低于公路对应的桥梁结构抗震设防标准。

n) 交叉工程设计时应按规定设置安全设施;应对交叉影响区域内既有公路工程及安全防护设施进行改造。安全设施与交叉主体工程应同时设计、同时施工、同时投入使用。

o) 铁路跨线桥的设计除应符合以上规定外,尚应符合 JT/T 1311 的相关规定。

6.2.6 桥梁施工时应符合以下规定:

a) 优先采用不占用公路路面的施工方案。

b) 跨线临时结构应进行稳定性验算,并采取安全防护、警示等措施。

c) 跨越施工期间,应对既有公路的结构变形进行全过程监测。

6.2.7 进行桥梁跨越工程安全评价时应包括以下内容:

a) 应对上跨桥梁设计方案开展规范符合性评价,包括:跨越位置、平纵线形指标、交叉角度、视距、净空、排水、交通标志、防护设施等。

b) 应评价上跨桥梁的基础施工(含承台)对既有公路路基稳定性、公路桥梁基础(墩台)沉降及桩顶水平位移的影响程度;应评价施工控制措施(含加固)对既有公路路基稳定性、公路桥梁基础(墩台)沉降及桩顶水平位移的控制效果是否符合要求。如果有施工监测方案,应评价施工监测方案中监测指标和控制阈值的合理性。

c) 应评价上跨桥梁施工对既有公路交通的影响以及安全防护措施的合理性。

d) 有关跨越位置、净空、排水、防护设施的规定为强制性要求。

6.3 架空线路跨越

6.3.1 架空线路跨越包括电力线、通信线、电(光)缆等跨越公路工程。

6.3.2 架空线路跨越位置路侧未设置护栏时,跨越杆(塔)如设置拉线,应设置拉线警示杆、紧线器警示罩。

6.3.3 架空电力线、通信线、电(光)缆等线路与公路相交叉时,宜为正交;必须斜交时,其交叉的锐角应大于45°。

6.3.4 架空电力线的导线与公路路面、桥梁、行道树及公路附属设施的距离,应按下列原则确定:

a) 应根据导线运行温度情况或覆冰无风情况求得的最大弧垂,以及根据最大风速情况或覆冰情况求得的最大风偏进行计算确定。

b) 计算上述距离应计入导线架线后塑性伸长的影响和设计、施工的误差,但不应计入由于电流、太阳辐射、覆冰不均匀等引起的弧垂增大。

c) 架空电力线路的档距超过 200m 时,最大弧垂应按导线温度为+70℃计算。

6.3.5 架空电力线路与公路交叉时,跨越二级及以上等级公路,路侧杆(塔)应采用耐张型杆(塔);跨越二级以下等级公路宜采用耐张型杆(塔)。导线或地线在跨越档内不得存在接头。

6.3.6 架空电力线跨越公路时,在公路投影范围内,导线或地线最大悬垂时线弧至路面的垂直距离应符合表 1 的规定。跨越桥梁时，其净空高度还应符合桥梁检测设备的安全净空要求。

表 1　架空电力线路导线距离路面的最小垂直距离

<table>
<tr><td rowspan="2">标称电压（kV）</td><td rowspan="2">3kV 以下</td><td rowspan="2">3～110</td><td rowspan="2">154～220</td><td rowspan="2">330</td><td rowspan="2">500</td><td rowspan="2">750</td><td colspan="2">1000</td><td rowspan="2">±800 直流</td></tr>
<tr><td>单回路</td><td>双回路逆相序</td></tr>
<tr><td>最小垂直距离（m）</td><td>6.0</td><td>7.0</td><td>8.0</td><td>9.0</td><td>14.0</td><td>19.5</td><td>27.0</td><td>25.0</td><td>21.5</td></tr>
</table>

6.3.7　架空电力线跨越公路时，其支撑结构及其附属结构应具有足够的强度，一般情况下杆（塔）距离公路路基边缘的水平距离宜满足 1 倍塔高的要求；条件受限时，其杆（塔）内缘距离公路边沟的最小水平距离应符合表 2 的规定。

表 2　架空电力杆（塔）内缘至公路边沟外侧的最小水平距离

<table>
<tr><td>标称电压（kV）</td><td>10kV 及以下</td><td>35～110</td><td>220</td><td>330</td><td>500</td><td>750</td><td>1000</td><td>±800 直流</td></tr>
<tr><td>最小水平距离（m）</td><td>0.5</td><td colspan="4">8.0</td><td>10.0</td><td>15.0</td><td>15.0</td></tr>
<tr><td colspan="9">注：标称电压 1000kV、±800kV 直流输电线路与公路平行时的数值为边导线至公路边沟外侧的水平距离。</td></tr>
</table>

6.3.8　通信线、电（光）缆等与公路交叉时不宜采用跨越方式，受条件限制必须跨越公路时，不得侵占公路建筑限界。通信线、电（光）缆等线缆最低处至路面的最小垂直净空值应结合跨越位置的实际线形指标、交通特征、公路的规划、冬季路面积雪厚度等综合考虑。

6.3.9　通信线、电（光）缆等与公路路面的最小垂直距离应不小于 6.0m，杆（塔）距离公路路基边缘的水平距离宜大于 1 倍杆（塔）高度。

6.3.10　架空线路施工时应符合以下规定：

a）　应选择车辆少、天气良好的时段进行。
b）　应优先采用对公路行车干扰小的施工方案。
c）　需要采取临时限速、限行的交通管制措施时，应得到公安机关交通管理部门、公路路政部门的批准。
d）　跨越高速公路、一级公路时，导线应有防跑线措施。
e）　支架法施工应进行临时结构稳定性验算，采取安全防护措施。

6.3.11　进行架空线路跨越工程安全评价时应包括以下内容：

a）　应评价跨越位置、最小水平距离、最小垂直距离、交叉角度等。
b）　应评价跨越杆（塔）类型是否符合抗倾覆要求。
c）　应评价跨越公路的安全防护设施。
d）　应评价牵引绳索通过公路的方案。
e）　有关最小水平距离、最小垂直距离的规定为强制性要求。

7　穿越式涉路工程

7.1　一般规定

7.1.1　穿越式涉路工程的设计应考虑公路远期规划需求。

7.1.2　严禁穿越桥梁总体技术状况评定等级为三类及以下等级的桥梁。

7.1.3 穿越式涉路工程需要在公路路基上新建桥梁时，应选择在公路线形指标相对较好的位置，并保证穿越位置公路纵坡不大于3%。

7.2 道路、铁路穿越

7.2.1 道路、铁路穿越主要包括公路、城市道路、铁路穿越公路工程。

7.2.2 桥梁应符合现行公路、市政道路、铁路建筑限界标准的规定。跨线桥在设计时要符合现行设计标准的要求。

7.2.3 穿越位置宜选择在双方平面线形均为直线或不设超高的大半径曲线的地段，或平、纵线形技术指标高且通视良好的地段。

7.2.4 在公路路基段新建桥梁构造物穿越时，应采用对公路通行影响相对较小的桥梁形式。原则上道路或铁路下穿既有公路应与公路正交，受地形条件或其他特殊情况限制必须斜交时，应结合公路、铁路的线形条件，尽量设置较大的交叉角度。通道桥的锐角应不小于45°。

7.2.5 道路、铁路下穿公路桥梁时，应符合以下规定：

a) 利用既有桥梁下穿时，应根据地质条件、桥下净空、对既有桥梁影响等因素，合理选择路基、桥梁、桩板结构、U形槽和框架结构等下穿工程的结构形式。

b) 与既有桥梁墩台保持一定的安全距离。铁路路肩边缘（桥梁边线）与公路桥梁墩台基础（含承台）的净距不宜小于3.0m。

c) 下穿道路、铁路宜采用低填浅挖方案。

d) 路堤坡脚或路堑坡顶不应侵入既有公路桥梁墩台。

e) 应分析新建路基对既有公路桥梁的影响，其沉降、位移的限值应符合相应标准的规定。

f) 下穿工程应设置完整通畅的排水系统，不应与公路共用排水设施。

g) 铁路跨线桥的设计除应符合以上规定外，尚应符合JT/T 1311的相关规定。

7.2.6 道路、铁路下穿桥梁的交通安全设施的设置应符合下列规定：

a) 应设置限制高度标志和限高架，下穿道路净高符合相关法律法规和标准规范规定的道路不需要设置限制高度标志和限高架。

b) 设置限制高度标志和限高架的路段，在进入此路段前的路口适当位置应设置相应的指路标志提示，使装载高度超过标志所示数值的车辆能够提前绕道行驶。

c) 桥梁墩柱和主梁侧面、下穿道路护栏应设置立面标记。

d) 应结合下穿道路对公路桥梁的影响程度相应设置路侧护栏。铁路下穿段公路安全防护设施应符合JT/T 1311的相关规定。

7.2.7 道路、铁路下穿公路时，除应符合所需净空要求外，还应考虑公路桥梁养护所需要的空间。涉路工程应按照可到达、可检查、可维修和可更换的要求进行设计。

7.2.8 道路、铁路下穿施工时应符合以下规定：

a) 应对既有桥梁墩柱采取安全防护措施，防止施工车辆、机械、材料碰撞。

b) 应选择合理的地基处理方案及路基填筑方案，减少对桥墩周围土层的扰动。

c) 应做好现场排水工作，防止产生积水影响原有结构安全。

d) 公路建筑控制区范围内下穿工程不应采用挤土桩，钻孔桩施工不宜采用冲击钻。

7.2.9 道路、铁路下穿安全评价时应包括以下内容：

a) 应评价穿越位置、下穿道路平纵线形指标、交叉角度、视距、建筑限界、路侧安全净区、排水等。

b) 应评价下穿道路、铁路施工对既有桥梁基础的影响及监测方案。

c) 应评价施工方案的合理性，施工过程中对既有桥梁墩台基础、上部结构的保护措施。

d) 应对运营期安全保障措施进行评价，评价内容包括：护栏、立面标记、限高架等交通安全设施，检修空间等。

e） 有关穿越位置、建筑限界、既有桥梁结构安全的规定为强制性要求。

7.3 管线穿越

7.3.1 管线下穿二级及二级以上公路时，应采用非开挖方式进行穿越。

7.3.2 禁止利用自然地面以上的公路桥下空间铺(架)设油气管线。

7.3.3 管线与公路交叉时，宜为正交；特殊情况下必须斜交时，管道与公路交叉角度应大于30°。

7.3.4 管线与各级公路交叉且采用下穿方式，应设置地下通道(涵)或套管。采用水平定向钻方式敷设的管线，当埋设套管难度较大且采用免维护管道时，经专项论证后可不设置套管，但应采取保障公路安全的保护措施。

7.3.5 采用专用涵洞、套管等保护方法穿越公路时，宜采用钢筋混凝土结构，且应符合埋深下的抗压要求和耐环境腐蚀性的要求，套管的底部应放置在密实而均匀的土层上。

7.3.6 当采用套管穿越公路时，应符合下列要求：

a） 套管内径宜大于输送管道外径100mm以上。套管采用人工顶管施工方法时，套管内直径不宜小于1.0m。

b） 采用套管穿越公路时，套管长度宜伸出路堤坡脚、排水沟外边缘不小于2m；当穿越路堑时，应长出路堑顶不小于5m。套管的设置应为公路交通规划发展预留空间，应核实被穿越的公路是否有扩建规划，综合考虑确定套管长度。

c） 穿越公路的保护套管，除应符合穿越管线相关行业标准的荷载规定外，还应符合JTG D60的相关规定，并按公路的车辆荷载等级进行验算。套管或涵洞结构验算还应考虑施工期荷载及运营期荷载。

7.3.7 输送有毒有害、易燃易爆、高压等物质的管道需要穿越公路时，宜选择在非桥梁结构的路基地段穿越。若受到客观因素的限制必须与公路桥梁交叉时，经充分论证后可采用埋设方式从桥梁自然地面以下空间通过。禁止利用自然地面以上的公路桥下空间铺设油气等易燃易爆管道。

7.3.8 当条件受限，管道必须从公路桥梁自然地面以下空间穿越时，除必须符合现行公路、油气管道等有关标准规范的规定外，还应符合下列条件：

a） 不能影响桥下空间的正常使用功能。

b） 管道与两侧桥墩(台)基础的水平净距不应小于5m。

c） 管道采用开挖埋设方式从公路桥下穿越时，管顶距桥下自然地面不应小于1m，管顶上方应铺设宽度大于管径的钢筋混凝土保护盖板，每侧长度不应小于规划公路用地范围宽度以外3m，并设置地面标识标明管道位置；采用定向钻穿越方式的，钻孔轴线应距桥梁墩台不小于5m，桥梁(投影)下方穿越的最小深度应大于最后一级扩孔直径的4~6倍。

7.3.9 管道不宜与公路反复交叉穿越，其穿越点宜选在公路的路堤段和管道的直线段。穿越时宜避开潮湿地区、高填方区、路堑、路两侧为同坡向的陡坡地段。

7.3.10 管道穿越公路时，其穿越点四周应有足够的空间，符合管道穿越施工、维护及邻近建(构)筑物和设施安全距离的要求。

7.3.11 穿越管线应在交叉处公路两侧的土路肩外缘、用地界外缘分别设置相应的标志桩及警示牌。警示牌应采用反光涂料涂刷，标记的内容与格式应符合设计要求以及现行SY/T 6064的相关规定。

7.3.12 当采用开槽法穿越公路时，应符合以下要求：

a） 应保证保护套管顶面距公路路面底基层的底面不小于1.0m；同时应保证公路边沟位置套管顶面覆土厚度不小于1.0m。在有地下水地区，管顶覆盖层的厚度尚应符合管道抗浮要求。

b） 护涵(套管)设计应符合地基承载力要求，套管两侧应根据JTG D30的相关规定设置过渡段，保证护涵(套管)两侧的路基工后沉降符合要求。

c） 应根据JTG D30的相关规定对基坑填料、压实度等作出相应的要求。

d） 应对开挖部分的路基、路面恢复方案进行详细设计，并保证不低于原有道路设计标准。

7.3.13 当采用顶管法穿越公路时，应符合以下要求：

a） 应保证保护套管顶面距公路路面不小于1.5倍管径，且不宜小于3.0m；同时应保证公路边沟位置套管顶面覆土厚度不小于1.0m并保证符合冻深要求。在有地下水地区，管顶覆盖层的厚度尚应符合管道抗浮要求。

b） 钢筋混凝土顶管的混凝土强度等级不宜低于C50，且不应低于C40。当采用钢套管时，其套管钢材宜选用Q235B以上，顶管钢材的规格和性能应符合现行GB/T 700的相关规定。

c） 下列情况不宜采用顶管施工：

(1) 土体承载力小于30kPa。

(2) 岩体强度大于15MPa。

(3) 土层中砾石含量大于30%或粒径大于200mm的砾石含量大于5%。

(4) 江河中覆土层渗透系数大于或等于10^{-2}cm/s。

d） 对采用顶管施工方法引起的地表变形和对周围环境的影响，应事先做出充分预测，并使之符合建设单位的相关要求。当预计难以确保地面建筑物、道路交通和地下管线的正常使用时，在建设单位的组织下，会同有关部门商定采取有效的技术措施进行监测和保护。

7.3.14 当采用水平定向钻法穿越公路时，应符合以下要求：

a） 应贯彻国家有关的技术经济政策，积极慎重地采用新技术、新材料、新设备、新工艺。

b） 水平定向钻施工适合黏土、硬黏土、粉土、粉砂和含少量砾石的地层。

c） 采用水平定向钻穿越施工时，一般情况下路面范围内保护套管最小覆土厚度宜大于10倍套管管径，且不宜小于6.0m；同时应保证保护套管顶距离公路边沟基础底面不小于1.0m并保证冻深要求。在有地下水地区，管顶覆盖层的厚度尚应符合管道抗浮要求。

d） 最终扩孔直径应根据管径、穿越长度、地质条件和钻机能力确定。一般情况下，最大扩孔直径与穿越管径的关系应符合表3的规定。

表3 最大扩孔直径与穿越管径关系表

穿越管线的直径(mm)	最大扩孔直径
<219	管径+100mm
219~610	1.5倍管径
>610	管径+300mm
注：管径小于400mm的管线，在钻机能力许可的情况下，可直接扩孔回拖。	

e） 对水平定向钻法引起的地表变形和对周围环境的影响，应事先做出充分预测，并使之符合建设单位的相关要求。当预计难以确保地面建筑物、道路交通和地下管线的正常使用时，在建设单位的组织下，会同有关部门商定采取有效的技术措施进行监测和保护。

7.3.15 采用非开挖穿越施工时，应根据公路路基结构、地质条件、穿越管径、穿越长度、管线埋深和弹性敷设条件确定施工工艺，并应符合下列规定：

a） 顶管穿越施工应考虑穿越土层岩土性质、顶进管管径和材质、地下水位、周边地上与地下建筑物、构筑物和各种设施因素。

b） 穿越管段应根据土层的稳定性和密实性，采取防止路基路面破损的措施。

c） 工作井、接收井与公路边沟的净距不小于2倍的井深。

d） 工作井、接收井应根据开挖深度、地质条件、地下水位等条件明确支护措施。

7.3.16 管线下穿施工时除符合相关规定外，还应符合下列规定：

a） 施工方案中应明确针对公路桥梁、路基的安全防护措施。

b） 桥梁结构及路基沉降监测，应提供具体监测方案，并符合JT/T 1037的相关规定。

c) 涉路工程施工完成后应恢复公路原状,路基路面恢复方案应与原有路基路面结构保持一致。

7.3.17 管线下穿安全评价时应包括以下内容:

a) 应对管线穿越设计方案开展规范符合性评价,包括穿越位置、交叉角度、覆土深度、管线结构、安全措施等。

b) 应评价具体施工方案的合理性,包括施工工艺、施工安全规定,施工过程中对公路路面、公路路基及边坡、桥梁墩台的保护措施等。

c) 应评价施工对于公路桥梁桩基(墩台)、路基路面沉降的影响,可通过理论分析、计算进行核查,评价施工控制措施(含加固)、监测方案的合理性。

d) 应评价运营期安全保障措施的合理性,包括桥下空间、公路路基路面及边坡恢复、警示标志设置、管线两端的应急设施设置等。

e) 有关交叉角度、覆土深度、管线结构安全的规定为强制性要求。

8 并行式涉路工程

8.1 一般规定

8.1.1 并行式涉路工程设计应考虑公路远期规划需求。

8.1.2 并行式涉路工程的线形应与公路线形一致,不同涉路工程施工项目的规划设计宜共用支撑杆(塔)或管沟。

8.1.3 并行式涉路工程不得设置在公路交通事故多发路段或设施维修时会严重妨碍交通的路段。

8.2 铁路并行

8.2.1 铁路宜在公路建筑控制区范围以外区域进行布线,不应对既有公路的规划造成制约,不应对公路行车安全产生影响。

8.2.2 铁路与公路并行时,并行间距应符合表4的规定,并符合下列要求:

a) 一般情况下,铁路与公路并行间距不宜小于一般值;若小于一般值时,应对公铁并行进行交通安全性评价。

b) 铁路与公路并行位于平缓路段,条件受限时,其间距应大于极限值。

c) 铁路与公路并行位于陡坡段,条件受限时,其间距不应小于最小值;困难条件下,经综合技术经济论证,其间距可小于最小值,但应大于极限值,并且应进行工程安全风险评估、交通安全性评价、防灾与救援评价。

表4 铁路与公路并行间距

单位:m

项目	高速铁路或设计速度等于200km/h的城际铁路	设计速度小于200km/h的城际铁路或重载铁路或Ⅰ级、Ⅱ级铁路	Ⅲ级、Ⅳ级铁路
一般值	50	40	40
最小值	35	30	30
极限值	20	15	15

8.2.3 铁路与公路并行间距除结合技术要求、安全防护、维修养护等因素综合分析确定外,还宜考虑公路、铁路等未来拓宽的可能性以及救援通道的需求。

8.2.4 铁路不应侵占公路用地界。并行间距较小时,新建铁路宜采用支挡结构物或桥梁方案。

8.2.5 铁路路线设计应符合现行公路与铁路有关标准、规范的规定,各级公路和铁路的平、纵指标应结合工程条件、设计速度、并行间距等因素,因地制宜,合理选用。

8.2.6 铁路与公路并行时，不宜采用陡坡路堤并行，也不宜采用高路堤或深路堑并行。当路基填方边坡高度大于20m时，应与桥梁方案进行综合比选论证；当路基挖方边坡高度大于30m时，应与隧道方案进行综合比选论证。

8.2.7 铁路的排水系统应独立成体系，不得对公路的排水系统产生影响。

8.2.8 铁路的桥梁、路堤或路堑与公路桥梁段并行时，应分析路堤或路堑在施工、运营期间对公路既有桥梁结构安全性的影响，其沉降、变形的限值应符合相关规定的要求。

8.2.9 铁路新建桥梁、涵洞的跨径与布孔除应根据桥梁结构形式、地形和地质条件确定外，还应考虑公路既有桥梁的布设情况，尽量与公路既有桥梁协调统一。

8.2.10 铁路并行施工时除符合相关规定外，还应符合下列规定：

a) 夜间施工照明不应对驾驶员视线、驾驶行为造成影响。
b) 施工噪声不应对驾驶员驾驶行为造成影响。
c) 施工机械、施工围挡不应对驾驶员视线、驾驶行为造成影响。
d) 禁止占用高速公路硬路肩。

8.2.11 铁路并行安全评价时应包括以下内容：

a) 应从受力、变形、沉降等因素针对铁路对公路的影响进行评价。
b) 应从防护等级、护栏过渡段、防护工程等因素对可能的撞击影响进行评价。
c) 应从间距、运行安全等因素对隔离栅的设置进行评价。
d) 应从间距、纵坡、长度、结构、断面等因素对排水系统进行评价。
e) 应评价公路交通标志标线设置情况。
f) 应从间距、高程、照度等因素对防眩设施进行评价。
g) 应从间距、音量等因素对声屏障设施进行评价。
h) 应从噪声、眩光及其他可能影响公路行车的因素评价施工活动对公路行车安全的影响。
i) 有关间距的规定为强制性要求。

8.3 杆（塔）、管线并行

8.3.1 架空电力线路支撑结构及其附属结构应具有足够的强度，其杆（塔）内缘距离公路边沟外缘的最小水平距离应符合表5的规定。

表5 架空电力线路杆（塔）内缘至公路边沟外缘的最小水平距离

标称电压（kV）	10kV及以下	35～110	220	330	500	750	1000	±800直流
开阔地区（m）	0.5	最高杆（塔）高度						
受限制地区（m）	0.5	5	5	6	15	20	单回路15 双回路13	12
注：标称电压1000kV、±800kV直流输电线路与公路平行时的数值为边导线至公路边沟外侧的水平距离。								

8.3.2 高压线跨河塔架的轴线与公路桥梁外边缘的最小间距不应小于1倍塔高。

8.3.3 高压线塔、信号发射塔基础边缘距离公路边沟外边缘的间距不应小于1倍塔高。

8.3.4 光（电）缆与公路并行时，应埋设在公路建筑控制区范围以外区域。当条件受限，必须埋置在建筑控制区内时，不得侵占公路用地界。

8.3.5 管线与公路并行敷设时，应采用地下埋设的方式。当受自然条件限制时，局部地段可采用土堤埋设或地上敷设。

8.3.6　管线与公路路基段并行敷设时,应符合以下规定:

a）　与公路并行的管线应埋设在公路用地外缘 3.0m 以外区域。

b）　设计压力≥10.0MPa 的石油管道或石油长输管道、设计压力≥2.5MPa 的天然气管道或天然气长输管道,安全距离不应小于 10m。

c）　如地形受限或其他条件限制的局部地段不符合要求时,应进行专项论证。

8.3.7　输送有毒有害、易燃易爆物质的管线距公路特大桥、大桥、中桥的安全距离不应小于 100m,距公路小桥的安全距离不应小于 50m。

8.3.8　管线施工不应对公路排水系统造成影响。

8.3.9　管线并行施工时应符合下列规定:

a）　夜间施工照明不应对驾驶员视线、驾驶行为造成影响。

b）　施工噪声不应对驾驶员驾驶行为造成影响。

c）　施工机械、施工围挡不应对驾驶员视线、驾驶行为造成影响。

d）　禁止占用高速公路硬路肩。

8.3.10　管线并行安全评价时应包括以下内容:

a）　应对并行间距、排水、埋深、警示标志进行评价。

b）　应从噪声、眩光及其他可能影响公路行车的因素评价施工活动对公路行车安全的影响。

c）　其中有关间距的规定为强制性要求。

8.4　非公路标志

8.4.1　非公路标志的设置应与保障公路安全畅通、美化路容路貌、服务经济发展有机结合,遵循统筹规划、统一标准、合理布局、美观协调的原则。

8.4.2　非公路标志的设置必须采取有效措施保证其结构安全、可靠,应及时进行更新、维护、保养,并应按期进行安全检查。

8.4.3　非公路标志的支撑结构应根据设置地点的地质条件、风力、风向以及版面尺寸等因素计算确定,并应符合 JTG D82、GB 5768、GB 50017 等的相关规定。广告类、宣传类等非公路标志采用高耸式结构时还应符合 GB 50135 的相关规定。

8.4.4　公路交通标志前后 100m 范围内不应存在可能对公路交通标志产生遮挡的非公路标志;公路大、中桥周围 200m 范围内不应设置非公路标志;高耸式非公路标志沿公路连续设置时,间距应大于 1000m。高耸式非公路标志距离公路用地范围外缘的最小水平距离宜大于 1 倍标志高度。

8.4.5　非公路标志不应设置在匝道出入口、急弯、陡坡、视距不良、事故多发路段等影响行车安全的地点附近。

8.4.6　非公路标志不应对公路的视距、既有公路标志的识别确认产生干扰和影响。

8.4.7　不应在交通工程设施的支撑结构、防撞设施、缓冲设施上设置附着式非公路标志。附着式非公路标志应对所附着结构进行承载能力验算,验算时应考虑风荷载。

8.4.8　公路用地范围内不宜设置广告类、宣传类等非公路标志。在公路用地范围以外区域设置广告类、宣传类等非公路标志时,标志基础外缘到公路用地界的距离应大于 1 倍杆(塔)高度。

8.4.9　非公路标志的版面应符合下列要求:

a）　同一路段非公路标志的版面尺寸、风格、颜色应保持一致。

b）　非公路标志的版面颜色、形状、图案不应与交通标志相同或相似,不应让驾驶员产生误解。

c）　非公路标志的版面设计不应采用全红色或全黄色等会给驾驶员带来强烈视觉冲击的表现方式。

d）　非公路标志的反光膜等级不应高于沿线的公路交通标志反光膜等级。

e）　非公路标志不宜设置照明装置;设置照明装置的,不应对行车造成干扰。

f）　非公路标志应附铭牌,包含设立单位、联系方式等信息。

8.4.10　非公路标志施工时应符合下列规定：

a）夜间施工照明不应对驾驶员视线、驾驶行为造成影响。

b）施工噪声不应对驾驶员驾驶行为造成影响。

c）施工机械、施工围挡不应对驾驶员视线、驾驶行为造成影响。

d）禁止占用高速公路硬路肩。

8.4.11　非公路标志安全评价时应包括以下内容：

a）应对并行间距、位置、结构安全进行评价。

b）应从噪声、眩光及其他可能影响公路行车的因素评价施工活动对公路行车安全的影响。

c）有关间距、结构安全的规定为强制性要求。

9　接入式涉路工程

9.1　一般规定

9.1.1　接入式涉路工程设计应考虑公路远期规划需求。

9.1.2　接入式涉路工程不应设置在公路交通事故多发路段或设施维修时会严重妨碍交通的路段。

9.1.3　接入式涉路工程设计时，应对接入位置的公路影响范围进行视距检验。平交接入路口前后应符合视距要求。

9.1.4　接入式涉路工程不宜在以下区域进行接入：

a）视距不良路段。

b）竖曲线半径小于行车视距的竖曲线顶部。

c）隧道洞口、桥头附近。

d）公路纵坡大于3%的路段。

9.1.5　接入式涉路工程公路接入位置前后应设置相应的交通标志、标线等安全设施，确保接入位置的交通安全。

9.2　道路接入

9.2.1　各类道路接入应符合 JTG D20 的相关规定，城镇化路段可按照 JTG 2112 的相关规定执行，接入应优先保障既有公路的安全与畅通。

9.2.2　在一、二级公路路侧设置平面交叉口时，平面交叉最小间距应符合表 6 的规定。三、四级公路的平面交叉口间距可参照二级集散公路的要求控制，条件受限时不应小于 150m。

表 6　平面交叉的最小间距

公路等级	一级公路			二级公路	
公路功能	干线公路		集散公路	干线公路	集散公路
	一般值	最小值			
间距（m）	2000	1000	500	500	300

9.2.3　城镇化地区公路 T 形、十字形及环形平面交叉最小间距应符合表 7 的规定，右进右出控制平面交叉最小间距应符合表 8 的规定。受规划、用地限制等因素影响，平面交叉间距不符合最小间距要求时，相邻平面交叉应进行统筹设计，并符合表 7、表 8 规定的平面交叉最大密度的要求。一、二级公路可通过右出右进控制、增设辅路或慢车道、合并被交叉路等措施，加大平面交叉间距。

表 7　T 形、十字形及环形平面交叉最小间距和最大密度

公路等级	一级公路			二级公路		三级公路
公路功能	干线公路		集散公路	干线公路	集散公路	集散公路
	一般值	最小值				
间距(m)	2000	1000	500	500	300	200
密度(个/km)	0.5	1.0	2.0	2.0	3.3	5.0

表 8　右出右进控制平面交叉最小间距和最大密度

公路等级	一级公路		二级公路		三级公路
公路功能	干线公路	集散公路	干线公路	集散公路	集散公路
间距(m)	500	250	200	150	100
密度(个/km)	2.0	4.0	5.0	6.6	10

9.2.4　平面交叉口视距应符合下列规定：

a)　平面交叉口两相交公路间通视三角区应保证通视，如图 2 所示；条件受限无法满足要求时，则应保证主要公路的安全交叉停车视距和次要公路至主要公路边车道中心线 5~7m 所组成的通视三角区，如图 3 所示。

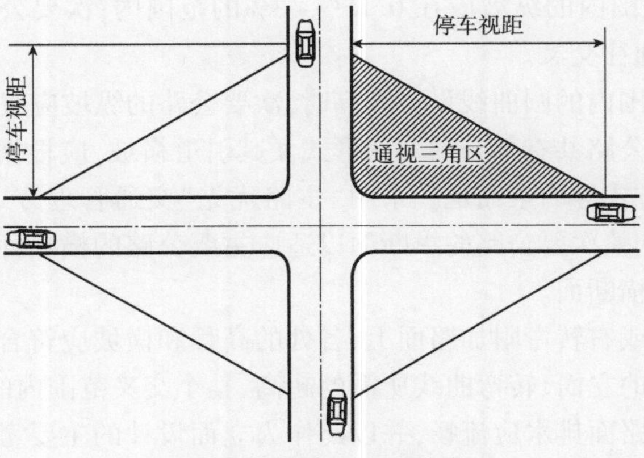

图 2　通视三角区

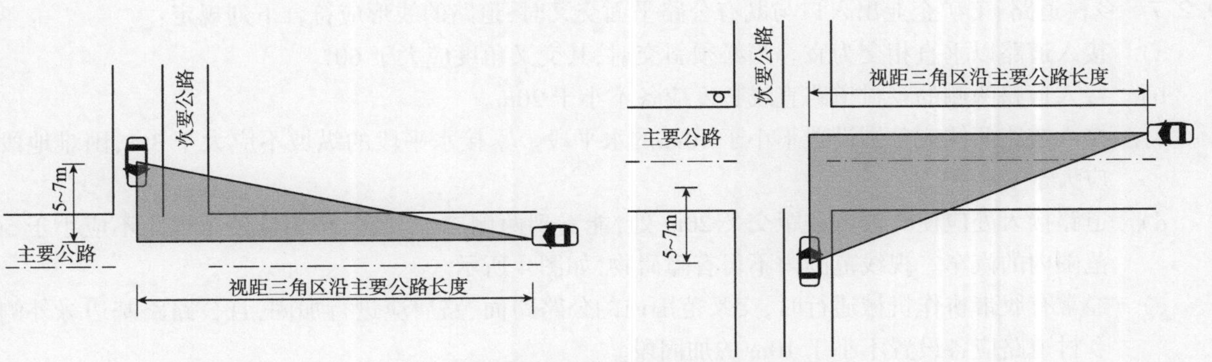

图 3　安全交叉停车视距通视三角区

b)　安全交叉停车视距值应符合表 9 的规定。

c)　平面交叉处每条岔路上的引道视距及凸形竖曲线最小半径应符合表 10 的规定。

表 9　安全交叉停车视距

设计速度(km/h)	100	80	60	40	30	20
停车视距(m)	160	110	75	40	30	20
安全交叉停车视距(m)	250	175	115	70	55	35

表 10　引道视距及相应的凸形竖曲线最小半径

设计速度(km/h)	100	80	60	40	30	20
引道视距(m)	160	110	75	40	30	20
引道凸形竖曲线最小半径(m)	10700	5100	2400	700	400	200

9.2.5　同一位置平面交叉岔数不宜多于 4 条,多于 4 条时应采用环形交叉。

9.2.6　等级公路、市政道路与既有公路平面交叉时,道路的线形应符合下列规定:

a)　平面交叉范围内两相交公路应正交或接近正交,且平面线形宜为直线或大半径圆曲线,不宜采用需设超高的圆曲线。

b)　新建道路与现有公路斜交时,交角不应小于 70°;受地形条件或其他特殊情况限制时,应大于 45°。

c)　平面交叉范围内,两相交公路的纵面宜平缓。纵面线形应符合停车视距的要求。

d)　主要公路的交叉范围内的纵坡应在 0.15%~3%的范围内;次要公路紧接交叉的引道部分应以 0.5%~2%的上坡通往交叉。

e)　主要公路在交叉范围内的圆曲线设置超高时,次要公路的纵坡应服从主要公路的横坡。

f)　平面交叉的两相交公路共有部分的立面形式及其引道横坡,应根据两相交公路的功能、等级、平纵线形、交通管理方式等因素而定。采用"主路优先"交通管理方式的交叉,应使主要公路的横断面贯穿交叉,而调整次要公路的纵断面以适应主要公路的横断面;当调整纵断面有困难时,应同时调整两公路的横断面。

g)　分隔的右转弯车道或右转弯附加路面上,各处的高程和横坡应符合相交公路共有部分及其相邻的局部段落的岔路的立面、转弯曲线所需的超高、整个交叉范围内的路面排水和路容的需要。

h)　平面交叉范围内的路面排水应流畅,并以此作为立面设计的主要考虑因素之一。包括隐形岛在内的任何部分路面上不得有积水。

9.2.7　乡村道路、工矿企业出入口与既有公路平面交叉时,道路的线形应符合下列规定:

a)　接入道路以垂直相交为宜。当必须斜交时,其交叉角度应大于 60°。

b)　接入道路两侧的乡村道路直线长度应各不小于 20m。

c)　接入道路两侧应分别设置不小于 10m 的水平段。紧接水平段的纵坡不应大于 3%,困难地段不应大于 6%。

d)　道路接入处应使驾驶者在距交叉 20m 处,能看到两侧二、三级公路相应停车视距不应小于 50m 范围内的汽车。视线范围内不得有障碍物,如图 4 所示。

e)　经常有履带耕作机械通行时,交叉范围内的公路路面、路肩应进行加固,且公路路基边缘外侧的乡村道路应各设置不小于 10m 的加固段。

9.2.8　等级公路、市政道路的平面交叉处的转弯半径应符合不同转弯速度对路面内缘的最小圆曲线半径要求,如表 11 所示。乡村道路、企业出入口道路的转弯半径可根据通行车辆的转弯需求确定。

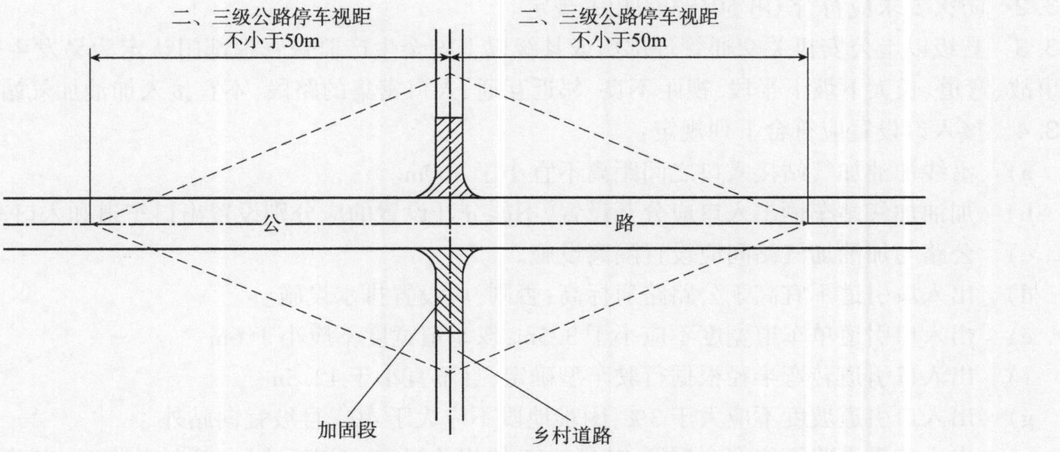

图4　接入道路交叉视距

表11　路面内缘的最小半径

转弯速度(km/h)	≤15	20	25	30	40	50	60	70
最小半径(m)	15	20(15)	25(20)	30	45	60	75	90
注:条件受限时可采用括号内的值。								

9.2.9　二级及以上公路的平面交叉必须进行渠化设计;三级公路的平面交叉应进行渠化设计;四级公路的平面交叉宜进行渠化设计;平面交叉渠化设计应符合现行 JTG D20、GB 5768、JTGD 81、JTG D82 等的相关规定。

9.2.10　平面交叉应根据公路的功能、等级、交通量等分别采用主路优先、无优先交叉和信号交叉三种不同的交通管理方式,并符合 JTG D20 的相关规定。

9.2.11　道路接入施工方案除符合相关规定外,还应符合下列要求:

a)　施工前应查明接入点下方是否有通信光缆、油气管道等设施。
b)　施工前宜先完成临时排水设施,先截断流向拓宽作业区的水源,开挖临时排水沟,施工期间经常维护临时排水设施,保证排水通畅。
c)　夜间施工时,对无照明路段应采取措施降低施工照明对驾驶员的影响。
d)　工程完成应及时清理施工现场,运走施工产生的建筑垃圾,并将公路边坡以及施工破坏的其他设施恢复原貌。

9.2.12　道路接入安全评价时应包括以下内容:

a)　应根据相交公路等级、设计速度、交通管理方式等因素对平面交叉选位、线形和视距等内容进行评价。
b)　应根据设计速度、转向流量、转弯车型等因素对转弯辅助车道设置及转弯线形进行评价。
c)　应根据转向交通量、交通管理方式和车道布置对平面交叉服务水平进行评价。
d)　应对平面交叉渠化设计进行评价。
e)　应对平面交叉路基、路面及排水进行评价。
f)　应对施工方案进行评价。
g)　有关交叉间距、视距、纵断面线形、交叉角度和岔数的规定为强制性要求。

9.3　加油加气站

9.3.1　加油站、加油加气合建站的汽油设备及其他燃油设备到站外建(构)筑物的安全间距、柴油等其他类型加油加气站或设备到公路用地的安全间距应符合现行 GB 50156 及 GB 50183 的相关规定。

9.3.2 防火要求应符合 GB 50183 的相关规定。

9.3.3 县级以上公安机关交通管理部门或县级以上安全生产监督管理部门认定为易发生交通拥堵或交通事故、弯道、长大下坡下半段、视距不良、邻近互通、人口密集的路段，不宜接入加油加气站。

9.3.4 接入口设置应符合下列规定：

a) 沿线加油加气站接入口之间距离不宜小于 300m。
b) 加油加气站车辆出入口应分开设置，不能分开设置的应分别设置出口车道和入口车道。
c) 公路与加油加气站间应设置隔离设施。
d) 出入口引道不宜高于公路路肩标高；否则，应设置排水设施。
e) 出入口引道单车道宽度不应小于 3.5m，双车道宽度不应小于 6m。
f) 出入口引道转弯半径根据行驶车型确定，且不宜小于 12.5m。
g) 出入口引道坡度不应大于 3%，困难地段不应大于 4%，且坡宜向站外。
h) 出入口引道路面应符合现行 GB 50156 的相关规定，不应采用一般沥青路面，应采用不发生火花的路面材料，如水泥路面或在沥青中加入阻燃材料。

9.3.5 标志、标线、附加车道设置应符合下列规定：

a) 进出口公路路段应设置禁止超车标线及禁止超车禁令标志。
b) 加油加气站的接入口右侧设置蓝底白字内容为“进口”和“出口”的反光标志，出入口路面设置导向箭头。
c) 加油加气站预告标志设置位置：一级公路在加油加气站前 1km 处，二级及以下国省道在加油加气站前 500m 处，三级以下县乡公路在加油加气站前 100m 处。标志设置必须保证行车视距良好。
d) 没有开辟附加车道的加油加气站接入口两侧应设置道口示警桩。道口示警桩一般沿主线方向，路面宽度小于或等于 5m 的路口两侧各设置 1 根道口桩，5m 以上路口两侧各设置 2 根道口桩。
e) 加油加气站出口行车方向与主线公路行车方向相同时，应在出口附近设置减速让行标志。
f) 加油加气站出口行车方向与主线公路行车方向相反时，应在出口附近设置停车让行标志。
g) 加油加气站接入相关的标志标线应定期维护。
h) 排水设施的设置应符合现行 JTG/T D33 的相关规定。

9.3.6 加油加气站接入后不应影响既有公路的排水。

9.3.7 加油加气站接入施工可参照道路接入的相关规定执行。

9.3.8 加油加气站接入安全评价时应包括以下内容：

a) 应对加油、加气站的设备及其他燃油设备与站外建(构)筑物的安全间距进行评价。
b) 应对接入口设置合理性进行评价。
c) 应对主线标志标线改造和新设置情况进行评价。
d) 应对加油加气站接入后对原路侧边沟排水的影响，并对排水设施进行评价。
e) 应对施工方案的合理性、施工安全规定进行评价。
f) 有关安全距离、间距、出入口平纵面指标的规定为强制性要求。

10 利用式涉路工程

10.1 一般规定

10.1.1 利用公路结构物的涉路工程设施不得侵占公路建筑限界，不得损害公路结构物的构造和设施，不得对公路桥梁运营安全产生影响。

10.1.2 严禁污水、有毒有害、易燃易爆、高压等管线设施利用公路桥梁或通过自然地面以上的公路桥下空间和隧道。

10.1.3　管线应有可靠的防护措施，防止管线发生事故影响公路结构物及运营安全，防止因交通事故引发二次事故。

10.1.4　严禁利用公路附属设施（如承载公路标志的龙门架、限载标志等）悬挂非公路标志。

10.2　利用桥梁

10.2.1　不应利用公路桥梁总体技术状况评定等级为三类及以下的桥梁敷设管线。

10.2.2　利用公路桥梁、涵洞敷设电力线、通信线、热力、供水等管线时，不得对公路桥梁、涵洞的泄洪能力产生影响。

10.2.3　管线利用分离式桥梁、通道桥桥下空间穿越公路时，应采取必要的安全防护措施，以保证公路运营安全。

10.2.4　利用桥梁敷设管线时应符合下列规定：

a）不应在桥上敷设污水管、压力大于0.4MPa的燃气管和其他可燃、有毒或腐蚀性的液、气体管。

b）条件允许时，在桥梁敷设的电信电缆、热力管、给水管、电压不高于10kV的配电电缆、压力不大于0.4MPa的燃气管必须采取有效的安全防护措施。

c）不应在通道桥内敷设电压高于10kV的配电电缆、燃气管及其他可燃、有毒或腐蚀性液、气体管线。

d）超过以上规定的管线，如因特殊需求需要在桥上或通道内通过，应进行可行性、安全性专题论证。

10.2.5　管线敷设位置应符合下列规定：

a）输送液体的管道应敷设于公路桥梁构件体外。

b）相互间能引起危险后果的管线应分别安装在桥梁的两侧。

c）多条管线在桥梁上应配重平衡。

d）不应影响桥梁正常的检测维修。

10.2.6　利用公路桥梁敷设的管线附加结构安装应符合下列规定：

a）不应在预应力混凝土梁上钻孔。

b）不应将各类管道附加结构焊入桥梁部件中。

c）附加结构应与钢桥电绝缘。

10.2.7　利用公路桥梁敷设管线施工时应符合下列规定：

a）施工过程不宜对公路正常运营产生影响。

b）管线安装和桥上、隧道内行车存在相互影响的，应提前对桥上、隧道内交通进行管制，编制交通组织方案。

c）桥下有通行道路或航道的，采取吊装施工时，应对桥下交通及通航进行管制或封闭。

10.2.8　利用公路桥梁敷设管线安全评价时应包括以下内容：

a）应根据管线类型、净空、敷设位置、附加结构、防护措施等因素对设计方案进行评价。

b）应对涉路评价申请人提供的桥梁载荷验算资料进行审查，必要时可根据管线敷设位置、附加结构安装等进行公路桥梁结构安全性符合验算。

c）应对施工方案进行评价。

d）利用桥梁敷设管线类型的规定、桥梁结构安全的规定为强制性要求。

10.3　利用涵洞

10.3.1　不应在涵洞、通道内敷设电压高于10kV的配电电缆、燃气管及其他可燃、有毒或腐蚀性液、气体管。如因特殊需求需要在桥上或涵洞、通道内通过，应进行可行性、安全性专题论证。

10.3.2　利用具有排水功能的涵洞设置管线穿越道路时，应根据涵洞内设置管线及套管所占用涵洞净空面积，保证涵洞净空满足原有设计洪水、漂流物等安全通过，并满足排灌等需要。

10.3.3 应充分考虑管线的热胀冷缩，管道内液体不应由于温度过低而冻结。

10.3.4 利用具有行车功能的涵洞设置管线时，需保证行人、行车的安全。

10.3.5 利用公路隧道敷设管线施工时应符合下列规定：

a） 沟槽开挖遇到管道、电缆或其他结构物时，应妥善保护并及时与相关单位协商处理。

b） 沟槽开挖后，应及时铺管，不得有积水。

10.3.6 利用公路隧道、涵洞敷设管线安全评价时应包括以下内容：

a） 应对利用既有公路隧道、涵洞敷设管线的类型进行评价。

b） 应对利用既有公路隧道、涵洞敷设管线的安装方式进行评价。

c） 应对利用涵洞的结构、安全措施、过水影响和冬季冻胀对敷设管线的影响进行评价。

d） 应评价敷设管线施工方案及控制措施的合理性。

e） 利用既有公路隧道、涵洞敷设管线的类型的规定为强制性要求。

11 施工安全管理规定

11.1 一般规定

11.1.1 涉路工程施工安全生产应贯彻“安全第一、预防为主、综合治理”的方针。

11.1.2 涉路工程施工活动必须遵守国家有关法律法规，符合安全生产条件要求，建立安全生产责任制，健全安全生产管理制度，设立安全生产管理机构，足额配备具有相应资格的安全生产管理人员。

11.1.3 涉路工程施工应根据地形、工程地质、水文、自然条件等情况，结合设计方案和公路运营情况制定完善的施工方案，编制科学的施工组织设计以便减少涉路工程施工活动对公路运行的影响，保证公路交通安全。

11.1.4 涉路工程施工应根据相关规定制定保障公路、公路附属设施质量和安全的技术措施。

11.1.5 涉路工程施工应编制应急预案，配备应急物资，并应定期组织相关人员进行应急培训和演练。

11.1.6 危险作业场所应按规定设置警戒区或其他安全防护、逃生设施。

11.1.7 涉路工程施工前应了解施工范围内的管线的种类、管材、大小、埋深、走向等情况，并采取有效的措施予以保护，防止施工期间的误操作导致管线破损从而引发安全事故，必要时应对施工范围内的管线进行迁移。

11.1.8 涉路工程施工工期宜避开重大节假日等大交通量时段。大雨、大雪、大雾和六级以上大风等恶劣天气不得进行露天作业，同时施工方应对施工区域加强巡查，疏导交通，确保交通安全设施完整有效。

11.1.9 涉路工程施工区可能对公路交通安全产生影响时，应进行合理的交通组织和诱导；当作业区可能出现严重交通拥堵时，应诱导交通流绕行其他路线。必要时应修建临时便道以满足施工作业区内的公路交通需求。

11.1.10 作业控制区一般应包括警告区、上游过渡区、纵向缓冲区、工作区、下游过渡区及终止区六个部分，各区域的长度及交通组织设计、安全设施的布置等应按照 JTG H30 的相关规定进行设置。

11.1.11 作业区布设交通控制设施时，应顺着交通流方向设置安全设施；当作业完成后，应逆着交通流方向撤除有关安全设施。作业区标志结构应符合 GB/T 28651 的相关规定，应易于搬动、运输，并能简单快速地安装和拆除，安装后结构稳定，应保证无论是安装后还是标志倾倒后都不会对交通安全造成危害。

11.1.12 夜间作业或夜间不恢复作业现场的作业区，夜间应设置施工警告灯对作业区域进行标识，必要时应设置照明设施。

11.1.13 施工完成后应移除公路周围隔离物、场内外警示牌、标识牌，清理作业场地的材料、设备及建筑垃圾，恢复原有地貌，清理或挖除在公路用地范围内作业场地，恢复公路边坡、边沟、绿化和交安设施等。

11.1.14 涉路工程施工期间如对公路造成破坏，涉路工程建设单位应当按照原有技术标准修复公路。

11.1.15 当公路的规划或改扩建施工可能对涉路工程设施产生影响时，涉路工程建设单位应当对涉路工程影响范围内的公路按规划进行同期施工，同时应设置必要的安全保护措施保证公路的正常运营安全。

11.2 跨越式涉路工程

11.2.1 跨越式涉路工程施工期间,应采用对公路行车安全影响较小的施工方案。

11.2.2 临时支撑结构应具有足够的强度,应保证临时支撑设施的基础稳固,并应采取措施防止临时设施和电力线坠落到行车道上,保障公路行车安全。

11.2.3 临时支撑结构应尽量远离公路,不得侵占公路建筑限界;同时临时支撑应具有足够的高度,保证线路架设过程中,导线至公路路面的距离应符合公路净空要求。

11.2.4 临时支撑结构在安装及拆除期间不得对公路交通安全产生影响。

11.2.5 桥梁跨越施工期间,应设置必要的高空防护网。采用满堂支架施工时,支架两侧及底面等漏空位置均应设置高空防护网。

11.2.6 施工期间如需在行车道范围内设置支架或基础等设施,应设置必要的导流岛和消能防撞设施,并在迎车面设置高度不小于1.0m的反光立面标记。

11.2.7 施工期间如需在公路用地范围内进行基础开挖施工,应对基坑边缘进行支护,并对路基、路面的沉降情况进行观测。

11.3 穿越式涉路工程

11.3.1 穿越式涉路工程施工期间,应保护穿越位置公路周围的生态环境。非开挖方式穿越施工应采用环保型泥浆,并应循环使用。

11.3.2 施工完毕后,套管的两端应进行端部密封处理,其长度应大于200mm。当套管或涵洞内空间充填细土将穿越管段埋入时,可不设检漏管及两端的封堵。

11.3.3 冬季、雨季施工时应采取相应的安全措施。

11.3.4 穿越施工期间应保持公路排水系统通畅,不应在排水沟内堆放物料、设备和其他妨碍排水的物品。

11.3.5 在穿越施工期间,应遵守对管道或被穿越设施有管辖权的管理部门的有关规定。

11.3.6 在施工时,车辆、设备、材料以及人员穿过公路,都应严格遵守相应管理部门的规定。应采取预防和准备措施,如指派持旗人员指挥交通和设备运输,防止公路路面或公路结构的损坏。公路路面应无污物、石块、泥浆、油及产生不安全因素的其他杂物。

11.3.7 穿越施工中所用设备和所采用的施工方法,不应对穿越处及其邻近处的任何结构和设施造成损坏或使其操作不安全。

11.4 并行式涉路工程

11.4.1 并行式涉路工程施工不宜全线同时进行,宜分段进行施工。

11.4.2 与公路并行敷设的管线应尽量减少接头,以便减少运营故障,减少对公路交通安全的影响。

11.4.3 施工期间的机械、人员、材料、临时支撑等不应侵占公路建筑限界。由于工程需要必须侵占公路建筑限界时,应按照JTG H30相关规定采取必要的交通组织设计和设置安全设施。

11.4.4 临时支撑应保证支撑设施的基础稳固,同时应采取措施防止临时设施及涉路工程设施坠落或倾倒至行车道上,保证公路交通安全。

11.4.5 当并行式涉路工程的沟槽开挖可能对公路路基稳定产生影响时,应对路基稳定、沉降的影响进行观测,必要时应采用合理的支护方式以保证路基稳定。

11.5 接入式涉路工程

11.5.1 接入道路不应影响原路的排水系统,如产生影响,应利用桥梁、涵洞等过水设施改造主路排水系统。

11.5.2 接入道路施工需在保持通行的公路路侧安全净区范围内挖设基坑时,基坑靠近公路侧边缘不小于1m处应设置围护结构,且利用围护结构将基坑与公路分隔。

11.5.3 接入道路施工时，施工机械、材料应放置在路侧安全净区之外。

11.6 利用式涉路工程

11.6.1 利用式涉路工程施工时不应对既有构造物的结构稳定性产生影响，施工期间应采取相应的措施保证被利用结构物的安全。

11.6.2 施工期间不得影响被利用构造物的行洪断面，应采取必要的安全措施保证公路行车安全，降低对公路服务水平的影响。

11.6.3 利用构造物施工中所用设备和所采用的施工方法，不应对被利用构造物及其邻近处的任何结构和设施造成损坏或使其操作不安全。

11.7 施工作业区

11.7.1 涉路工程施工作业区应按现行 GB 5768、JTG H30 和 GB/T 28651 进行布置。

11.7.2 涉路工程施工作业区应按警告区、上游过渡区、纵向缓冲区、工作区、下游过渡区、终止区的顺序依次布置。施工作业控制区示例见图 5 和图 6。

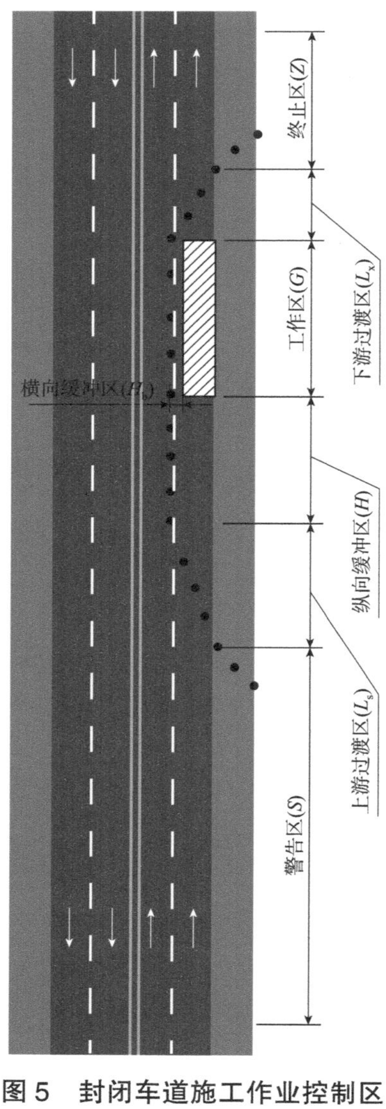

图 5 封闭车道施工作业控制区

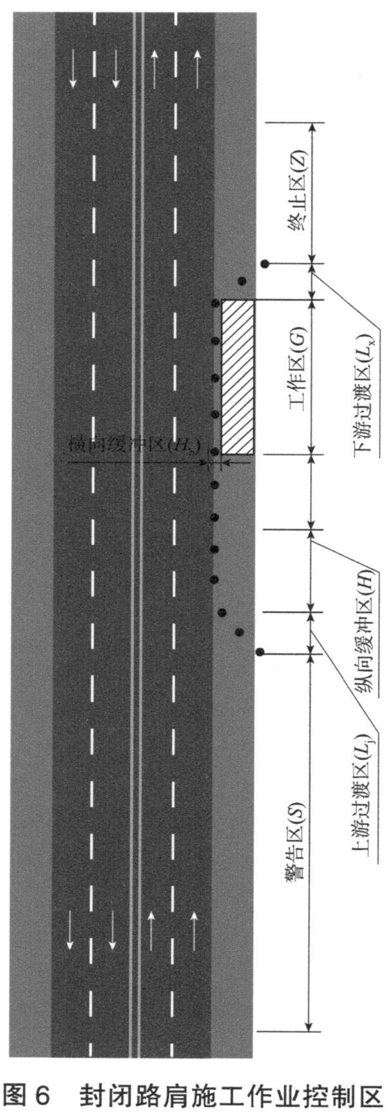

图 6 封闭路肩施工作业控制区

11.7.3 涉路工程施工作业控制区限速应符合下列规定：

a) 限速过程应在警告区内完成。

b) 限速应采用逐级限速或重复提示限速方法。逐级限速宜为每100m降低10km/h。相邻限速标志间距不宜小于200m。

c) 最终限速值不应大于表12的规定。当最终限速值对应的预留行车宽度不符合要求时，应降低最终限速值。

d) 一级公路封闭路肩施工作业，表12中的最终限速值可提高10km/h或20km/h。

表12 涉路工程施工作业限速值

设计速度(km/h)	限速值(km/h)	预留行车宽度(m)	设计速度(km/h)	限速值(km/h)	预留行车宽度(m)
120	80	3.75	40	30	3.25
100	60	3.50	30	20	3.00
80	40	3.50	20	20	3.00
60	30	3.25			

e) 不满足超车视距的二、三级公路弯道或纵坡路段涉路工程施工作业，最终限速值宜取20km/h。

11.7.4 警告区最小长度应符合表13的规定。当交通量超出表中范围时，宜采取分流措施。

表13 警告区最小长度

<table>
<tr><th rowspan="2">公路等级</th><th rowspan="2">设计速度
(km/h)</th><th rowspan="2">平曲线半径
(m)</th><th rowspan="2">下坡坡度
(%)</th><th rowspan="2">交通量 Q
[pcu/(h·ln)]</th><th colspan="2">警告区最小长度(m)</th></tr>
<tr><th>封闭路肩双向通行</th><th>封闭车道交替通行</th></tr>
<tr><td rowspan="2">一级公路</td><td rowspan="2">100、80、60</td><td rowspan="2">—</td><td rowspan="2">—</td><td>$Q \leq 1400$</td><td colspan="2">1000</td></tr>
<tr><td>$1400 \lt Q \leq 1800$</td><td colspan="2">1500</td></tr>
<tr><td rowspan="17">二、三、四级公路</td><td rowspan="8">80、60</td><td rowspan="4">≤200</td><td rowspan="2">0~3</td><td>$Q \leq 300$</td><td rowspan="2">600</td><td>800</td></tr>
<tr><td>$300 \lt Q \leq 700$</td><td>1000</td></tr>
<tr><td rowspan="2">>3</td><td>$Q \leq 300$</td><td rowspan="2">800</td><td>1000</td></tr>
<tr><td>$300 \lt Q \leq 700$</td><td>1200</td></tr>
<tr><td rowspan="4">>200</td><td rowspan="2">0~3</td><td>$Q \leq 300$</td><td rowspan="2">400</td><td>600</td></tr>
<tr><td>$300 \lt Q \leq 700$</td><td>800</td></tr>
<tr><td rowspan="2">>3</td><td>$Q \leq 300$</td><td rowspan="2">600</td><td>800</td></tr>
<tr><td>$300 \lt Q \leq 700$</td><td>1000</td></tr>
<tr><td rowspan="8">40、30</td><td rowspan="4">≤100</td><td rowspan="2">0~4</td><td>$Q \leq 300$</td><td rowspan="2">400</td><td>500</td></tr>
<tr><td>$300 \lt Q \leq 700$</td><td>700</td></tr>
<tr><td rowspan="2">>4</td><td>$Q \leq 300$</td><td rowspan="2">500</td><td>600</td></tr>
<tr><td>$300 \lt Q \leq 700$</td><td>800</td></tr>
<tr><td rowspan="4">>100</td><td rowspan="2">0~4</td><td>$Q \leq 300$</td><td rowspan="2">300</td><td>400</td></tr>
<tr><td>$300 \lt Q \leq 700$</td><td>600</td></tr>
<tr><td rowspan="2">>4</td><td>$Q \leq 300$</td><td rowspan="2">400</td><td>500</td></tr>
<tr><td>$300 \lt Q \leq 700$</td><td>700</td></tr>
<tr><td>20</td><td colspan="3">—</td><td colspan="2">200</td></tr>
</table>

11.7.5 封闭车道施工作业的上游过渡区最小长度值应符合表14的规定，封闭路肩施工作业的上游过渡区长度不应小于表14中数值的1/3。

表 14　封闭车道上游过渡区最小长度

最终限速值（km/h）	封闭车道宽度(m)			
	3.00	3.25	3.50	3.75
80	150	160	170	190
70	120	130	140	160
60	80	90	100	120
50	70	80	90	100
40	30	35	40	50
30	20	25	30	
20	20			

11.7.6　缓冲区可分为纵向缓冲区和横向缓冲区，应符合下列规定：

a）　纵向缓冲区的最小长度应符合表 15 的规定。当工作区位于下坡路段时，纵向缓冲区的最小长度应适度延长。

表 15　纵向缓冲区最小长度

最终限速值（km/h）	不同下坡坡度的纵向缓冲区最小长度(m)	
	≤3%	>3%
80	120	150
70	100	120
60	80	100
50	60	80
40	50	
30、20	30	

b）　在保障行车道宽度的前提下，工作区和纵向缓冲区与非封闭车道之间宜布置横向缓冲区，其宽度不宜大于 0.5m。

11.7.7　工作区长度应结合涉路工程需要进行设置，最大长度不宜超过 4km。

11.7.8　下游过渡区的长度不宜小于 30m。

11.7.9　终止区长度不宜小于 30m。

11.7.10　涉路工程施工作业不宜全幅封闭公路；如确需全幅封闭公路，应组织专项交通组织方案论证。

11.7.11　涉路工程施工作业经通行能力和服务水平验算，在正常交通运行情况下如确需进行区域路网分流，应组织专项交通组织方案论证。

11.7.12　应分阶段适时适地动态制定交通组织实施方案，交通组织设计中涉及的各种对交通影响较大的施工阶段交通转换、交通管制信息应及时向社会发布通告。

11.7.13　施工作业区布置与作业管理应遵循布置合理、管控有效、安全可靠、便于实施的原则，并进行相应的安全作业管理，保障安全作业，提高管控区域的通行效率。

11.7.14　施工活动应在保障施工作业人员、设备和车辆运行安全的前提下，充分考虑涉路工程施工作业对交通安全保通状况的影响，保障交通通行。

11.7.15　施工作业应利用可变信息标志、交通广播、网络媒体、临时性交通标志等沿线设施、信息服务平台，及时发布前方公路或区域路网内的涉路工程施工作业信息。

11.7.16　涉路工程施工作业未完成前，不应擅自改变作业控制区的范围和安全设施的布设位置。

11.7.17 涉路工程施工作业人员应按有关规定穿着反光服,佩戴安全帽。交通引导人员尚应符合下列规定:

a) 交通引导人员应面向来车方向,站在可视性良好的非行车区域内。

b) 在公路上进行涉路工程施工作业时,交通引导人员宜站在警告区非行车区域内。

11.7.18 涉路工程施工作业人员必须在作业控制区内进行施工作业。

11.7.19 过渡区内不应堆放材料、设备或停放车辆。摆放的作业机械、车辆和堆放的施工材料不应侵占作业控制区外的空间,也不应危及桥梁、隧道等结构物的安全。

11.7.20 涉路工程施工作业安全设施在使用期间应定期检查维护,保持设施完好并能正常使用。用于夜间养护作业的安全设施必须具有反光性或发光性。

11.7.21 施工作业时应布设照明设施和警示频闪灯,并应加强施工作业区夜间的现场管理。

11.7.22 涉路工程施工作业控制区安全设施的布设与移除,应按以下要求进行:

a) 安全设施布设顺序应从警告区开始,向终止区推进,确保已摆放的安全设施清晰可见。

b) 移除顺序应与布设顺序相反,但警告区标志的移除顺序应与布设顺序相同。

11.7.23 施工作业期间服务水平可在现有高峰小时服务水平基础之上降低一级,但最低不应低于四级;对于不满足服务水平要求的公路作业路段,不宜采取分流部分车辆至区域路网的交通组织方式,应修改施工工艺,使施工作业对交通运营的影响降至最低。上述施工作业期间服务水平不低于四级为强制性要求,不符合此项指标时评价结论为不通过。

11.7.24 施工交通组织方案除符合 GB 5768.4、JTG H30 和 JTG/T L1 的相关规定外,还应符合下列规定:

a) 警告区长度应依据设计速度按照有关标准确定。

b) 对于路外施工情况宜参考相关标准规范布设警告区及相应的安全设施,过渡区和缓冲区可省略。

c) 对于需要穿越中央分隔带开口的改变交通流方向的交通组织方案,应考虑通行能力和中央分隔带开口距离等因素设置合理的中央分隔带开口长度。

d) 作业区标志的颜色、大小、尺寸和版面设计应符合 GB 5768 的相关规定,且设置位置应合理,避免信息过载。

e) 作业区标志应设置在明显的位置,严禁遮挡。

f) 限速标志的最终限速值应考虑交通安全和通行效率两方面因素,不应过低。对于需要穿越中央分隔带开口、路侧危险、急弯、陡坡、视距受限等情况,可在原来限速基础上适当降低最终限速值。

g) 长期作业区,已有交通标志和标线适用于道路作业期间交通通行时,应予以保留并维持整个作业期内良好状态;已有交通标志和标线与作业期间交通组织冲突时,应予以去除或遮挡。

11.7.25 作业区通行能力应依据《公路通行能力手册》进行量化计算,数据取值应有据可循,宜包括高峰小时交通需求分析和作业前后的实际通行能力分析,并应依据饱和度、速度等指标查表判断各阶段服务水平分级。

11.7.26 施工应急交通组织方案应符合下列规定:

a) 事件条件下的交通组织方案应结合区域路网拓扑结构给出交通诱导和分流方案,方案编制过程中应依据事件发生位置充分利用可变信息标志、车道指示灯、应急广播和收费站等外场设施疏散交通流。

b) 交通组织应急预案宜包括节假日及重大活动、重大交通事故、恶劣天气和施工意外事件,应明确各类事件的应急处置流程。

11.7.27 涉路工程施工作业安全评价时应包括以下内容:

a) 应对作业区各控制区长度取值进行评价,应包括警告区、上游过渡区、纵向缓冲区、横向缓冲区、工作区、下游过渡区和终止区。

b) 应对交通安全设施的空间布局合理性进行评价，应包括限速标志设置、安全锥间距、作业区间距、作业区标志、中央分隔带开口长度、车道数减少标志、其他标志（宜包含改道标志、路栏、可变箭头、作业区长度标志、作业区结束标志、旗手标志、双向通行标志）和作业区标线设置等。

c) 应对作业区标志的颜色、大小、尺寸和版面设计合理性进行评价。

d) 应对作业区限速策略的合理性进行评价，应包括合流、穿越中央分隔带开口和车道管理情况下的最终限速值，以及限速标志是否梯级过渡设置。

e) 应从实施车道封闭后原路的通行能力是否受限、服务水平是否满足要求等方面对作业区通行能力进行评价。

f) 应从组织机构设置合理性、不同事件条件下交通组织方案合理性和应急处置的时效性，以及应急交通组织方案的可操作性等方面对作业区应急交通组织方案进行评价。

12 工程验收与养护管理制度

12.1 工程验收

12.1.1 为保证公路及其附属设施的质量和安全，应对涉路工程的施工进行必要的监理和工程验收工作。

12.1.2 涉路工程施工完毕，公路管理机构应对公路、公路附属设施是否达到规定的技术标准以及施工是否符合保障公路、公路附属设施质量和安全的要求进行验收；影响交通安全的，还应当经公安机关交通管理部门验收。

12.1.3 涉路工程施工作业完毕，应当迅速清除公路上的障碍物，消除安全隐患，经公路管理机构和公安机关交通管理部门验收合格后，及时恢复通行。

12.2 养护管理

12.2.1 涉路工程设施的所有人、管理人应当加强维护和管理，确保工程设施不影响公路的完好、安全和畅通。

12.2.2 涉路工程应在运营期间制定完善的运营管理和养护方案，必要时应设置监控设施。

12.2.3 涉路工程运营期间应成立安全生产小组并制定安全生产责任制度。

12.2.4 涉路工程检查应包括日常巡查、定期检查和特殊检查三种形式。

a) 日常巡查由涉路工程的养护或管理单位实施。

b) 定期检查指针对设施特点进行的定期的、全面的检测和核查，由具备资格的检查测试人员进行。

c) 特殊检查应在遭遇到自然灾害前后、发生交通事故或出现其他异常情况时进行，由具备资格的检查测试人员进行。

用 词 说 明

为科学、合理地运用技术指标，本规范对各项技术指标条文的规定，按其执行的严格程度，在用词上采用了以下写法，请使用者结合涉路工程的具体情况运用。

标准条文用词：

——表示很严格，非这样做不可的用词：

正面词采用“必须”；反面词采用“严禁”。

——表示严格，在正常情况下应这样做的用词：

正面词采用“应”；反面词采用“不应”或“不得”。

——表示允许有选择，有条件时首先应这样做的用词：

正面词采用“宜”；反面词采用“不宜”。

——表示允许有选择的用词：

正面词采用“可”。

附 录 A
(资料性附录)
典型涉路工程施工作业控制区布置

A.1 一级公路

A.1.1 位于一级公路上的长、短期涉路工程施工作业,封闭车道或封闭路肩的施工作业控制区布置示例见图 A.1~图 A.3,以设计速度 80km/h 为例。

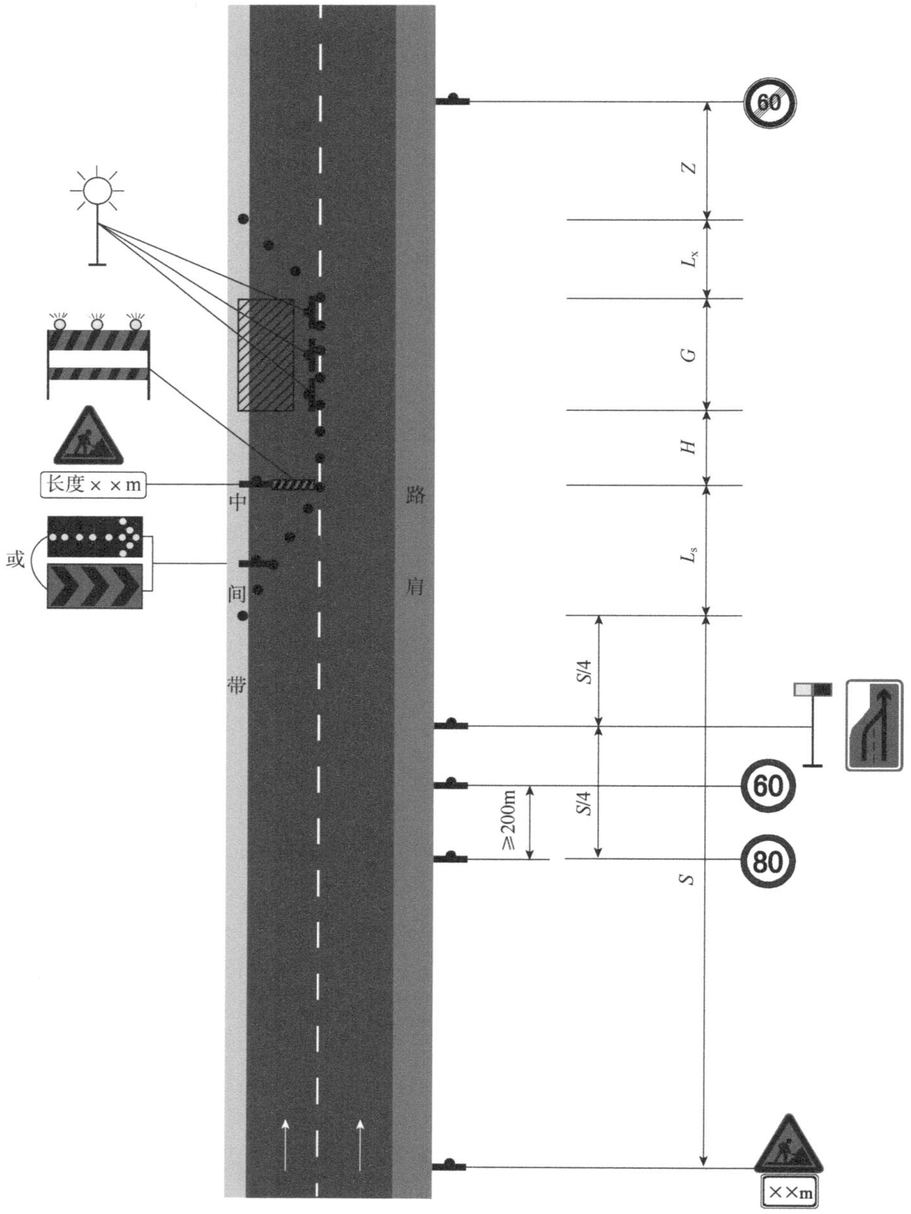

图 A.1 一级公路封闭内侧车道涉路工程施工作业

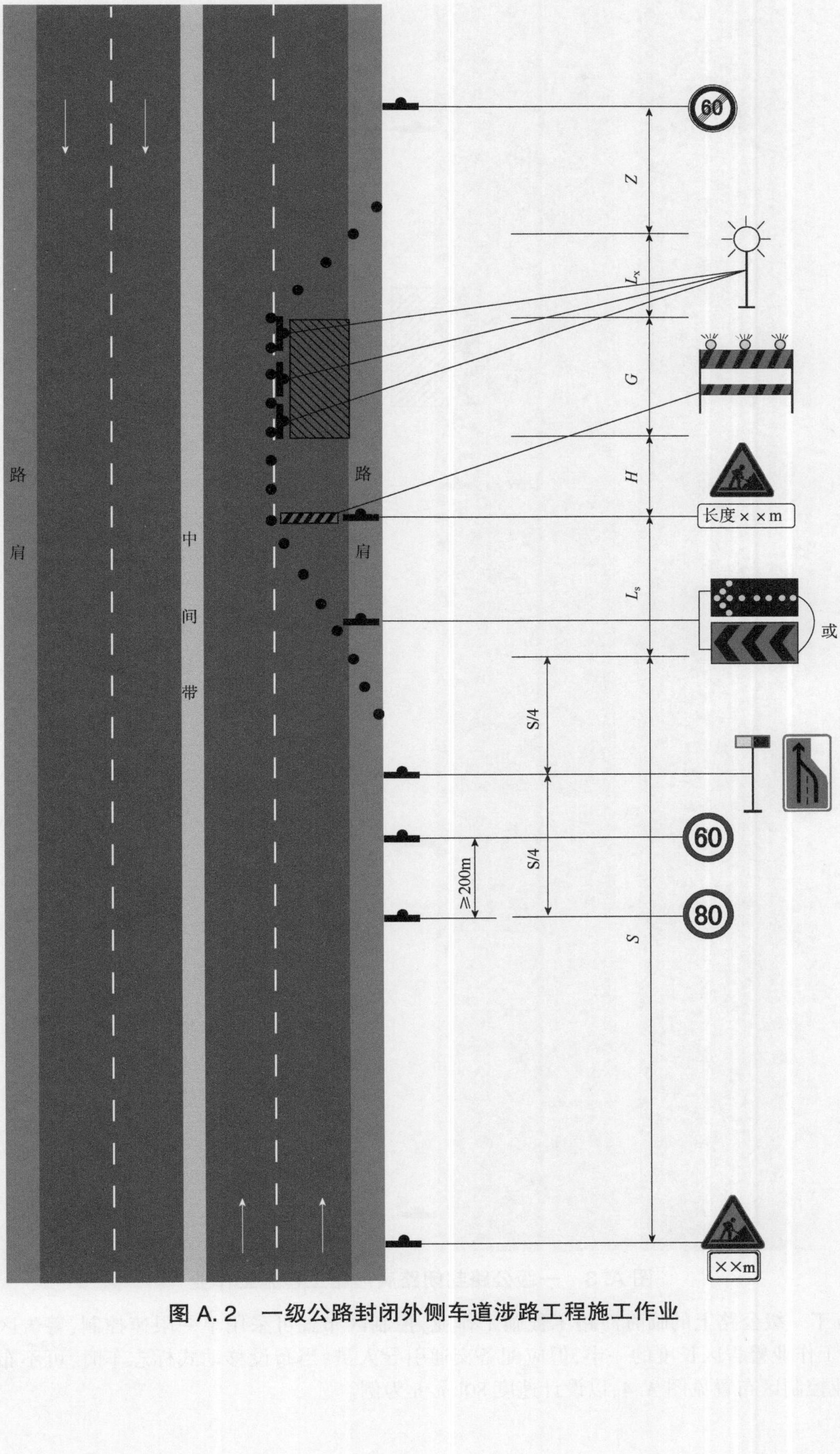

图 A.2 一级公路封闭外侧车道涉路工程施工作业

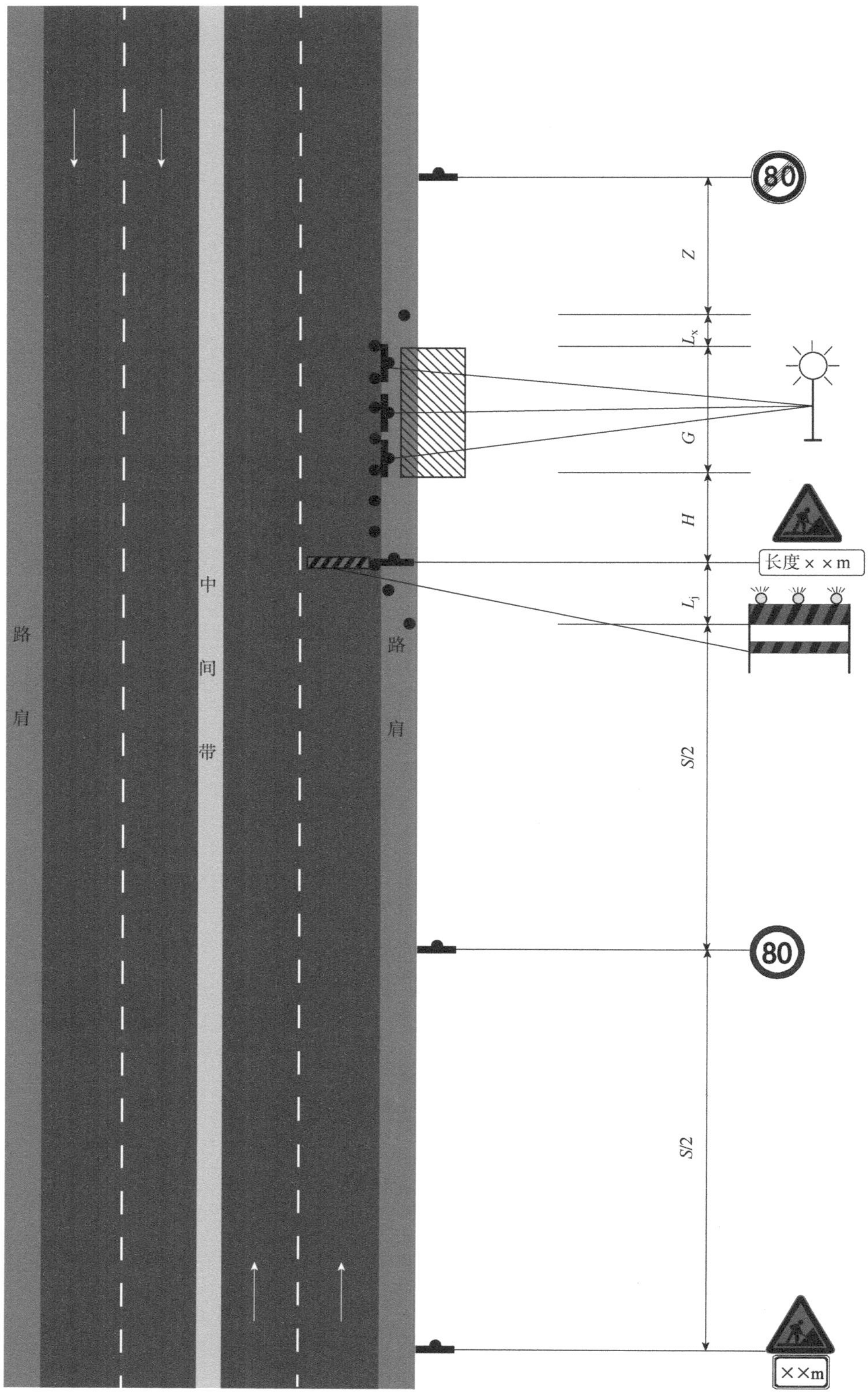

图 A.3　一级公路封闭路肩涉路工程施工作业

A.1.2　位于一级公路上的临时涉路工程施工作业，控制区布置可采用单一限速控制，警告区长度宜取长、短期施工作业警告区长度的一半，但应配备交通引导人员；当布设移动式标志车时，可不布设上游过渡区。作业控制区布置见图 A.4，以设计速度 80km/h 为例。

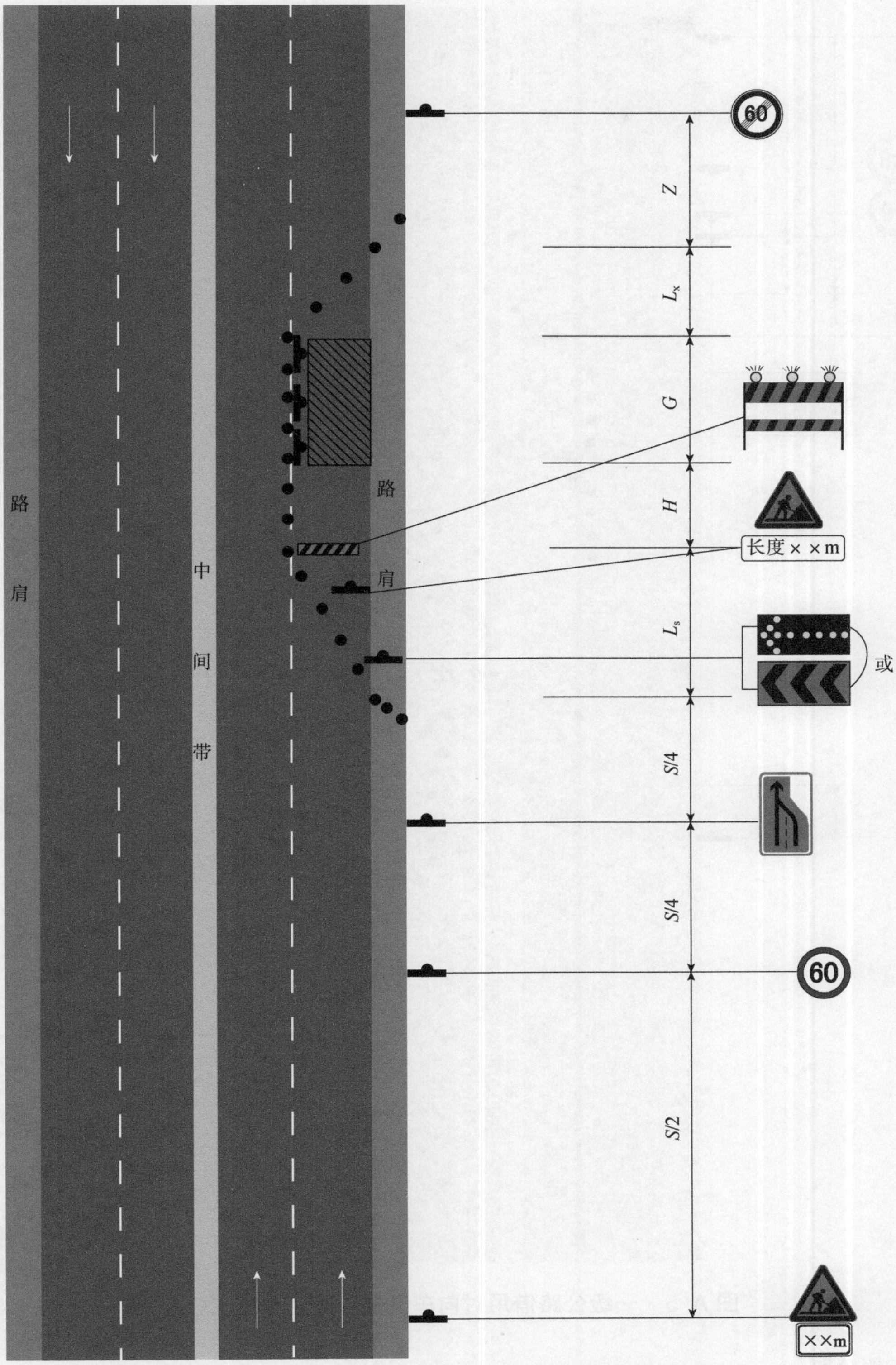

图 A.4　一级公路封闭路肩涉路工程施工作业

A.1.3　位于一级公路上需借用对向车道通行的涉路工程施工作业,应结合中间带开口位置,利用靠近施工作业的车道通行,双向车道都应布置作业控制区。借用车道双向通行分隔宜采用带有链接的车道渠化设施,并应在前一平面交叉口布设长大车绕行标志。作业控制区布置见图 A.5,以设计速度 80km/h 为例。

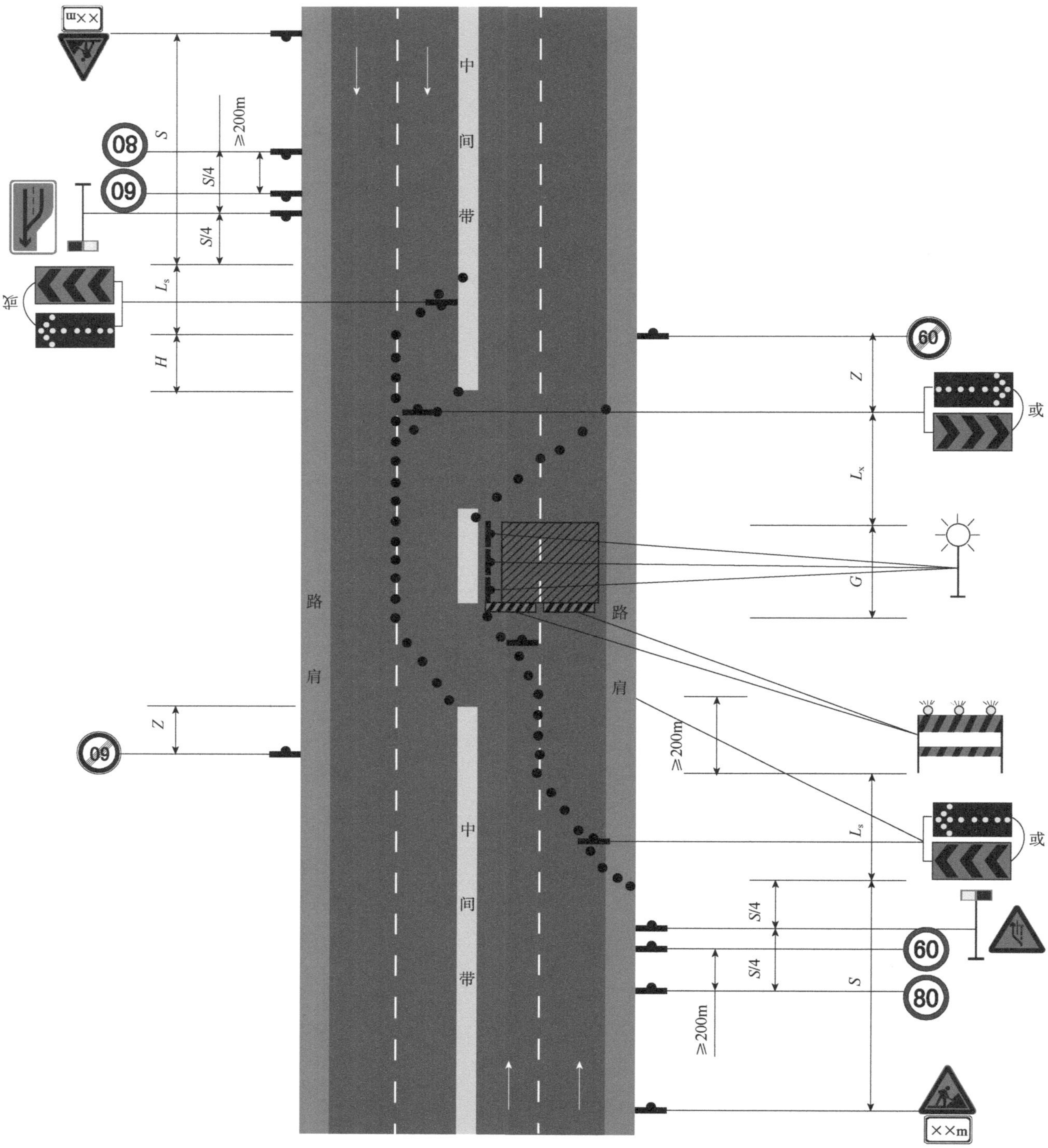

图 A.5 一级公路借用对向车道的涉路工程施工作业

A.2 二、三级公路

A.2.1 位于二、三级公路上的长、短期涉路工程施工作业，双向交替通行路段，除布设必要的安全设施外，尚宜配备交通引导人员，也可布设临时交通控制信号设施。作业控制区布置见图 A.6，以设计速度 60km/h 为例。

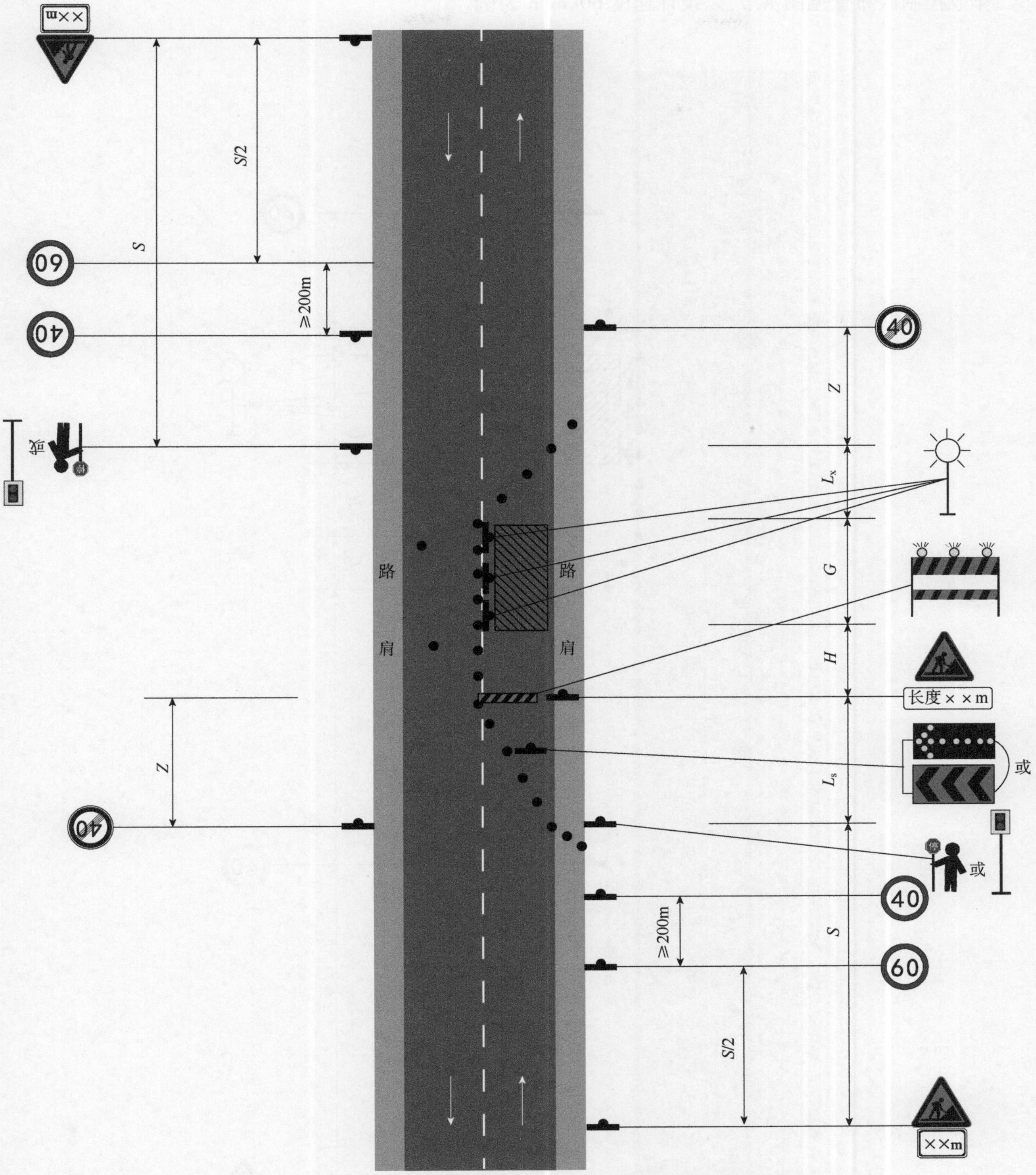

图 A.6　二、三级公路双向交替通行的涉路工程施工作业

A.2.2　位于二、三级公路上的长、短期涉路工程施工作业，占用路肩保持双向通行的施工作业控制区布置应符合下列规定：

a）　紧靠路肩的预留车道宽度应符合相关规范的规定；当不符合规定时，应按封闭车道施工作业控制区布置。

b）　警告区可仅设置一块限速标志，工作区车辆上应配备警告频闪灯或反光标志。

c）　布设移动式标志车时，可不布置上游过渡区。

作业控制区布置见图 A.7,以设计速度 60km/h 为例。

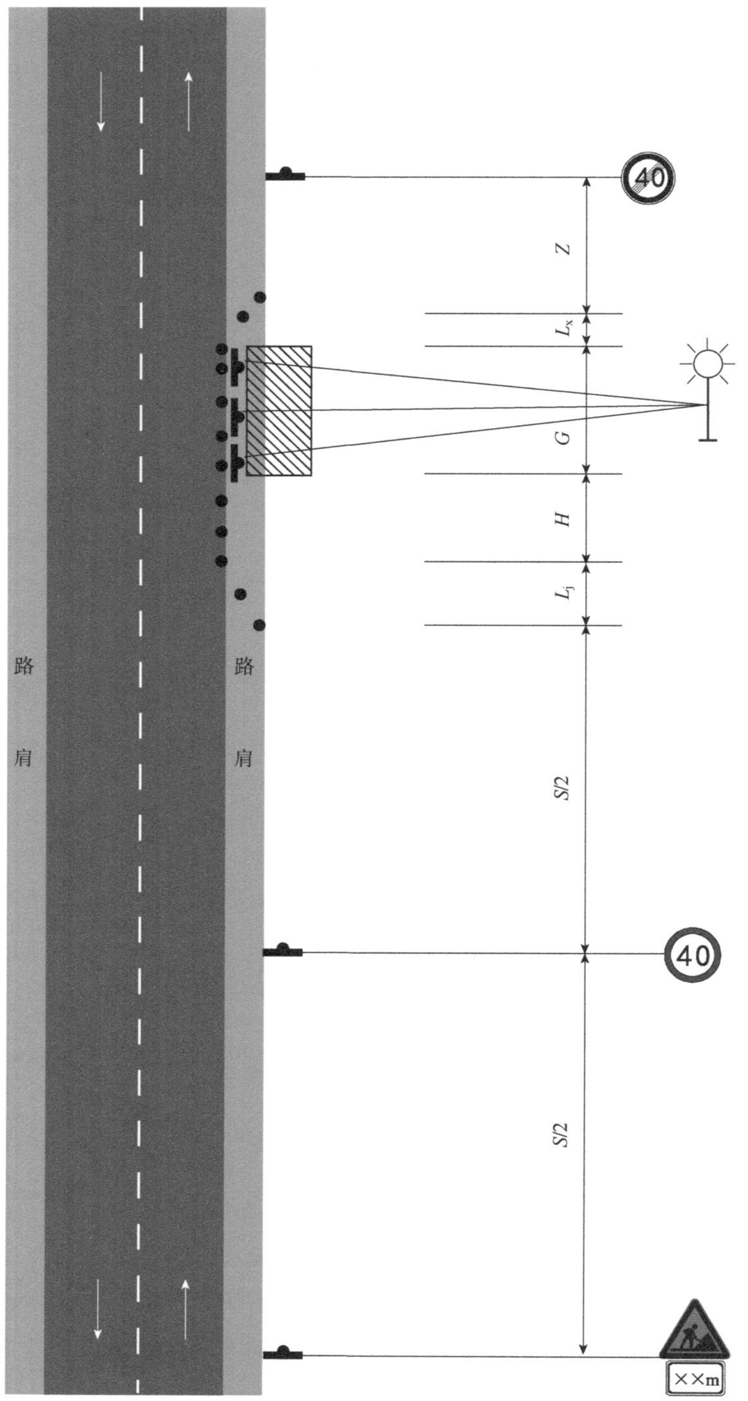

图 A.7　二、三级公路双向通行的涉路工程施工作业

A.2.3　位于二、三级公路上的临时涉路工程施工作业控制区可简化为警告区、上游过渡区、工作区和下游过渡区,警告区长度宜取长、短期施工作业警告区长度的一半;当布设移动式标志车时,可不布设上游过渡区,移动式标志车与工作区净距宜为 10～20m。对向车道可仅布置警告区。作业控制区布置见图 A.8,以设计速度 60km/h 为例。

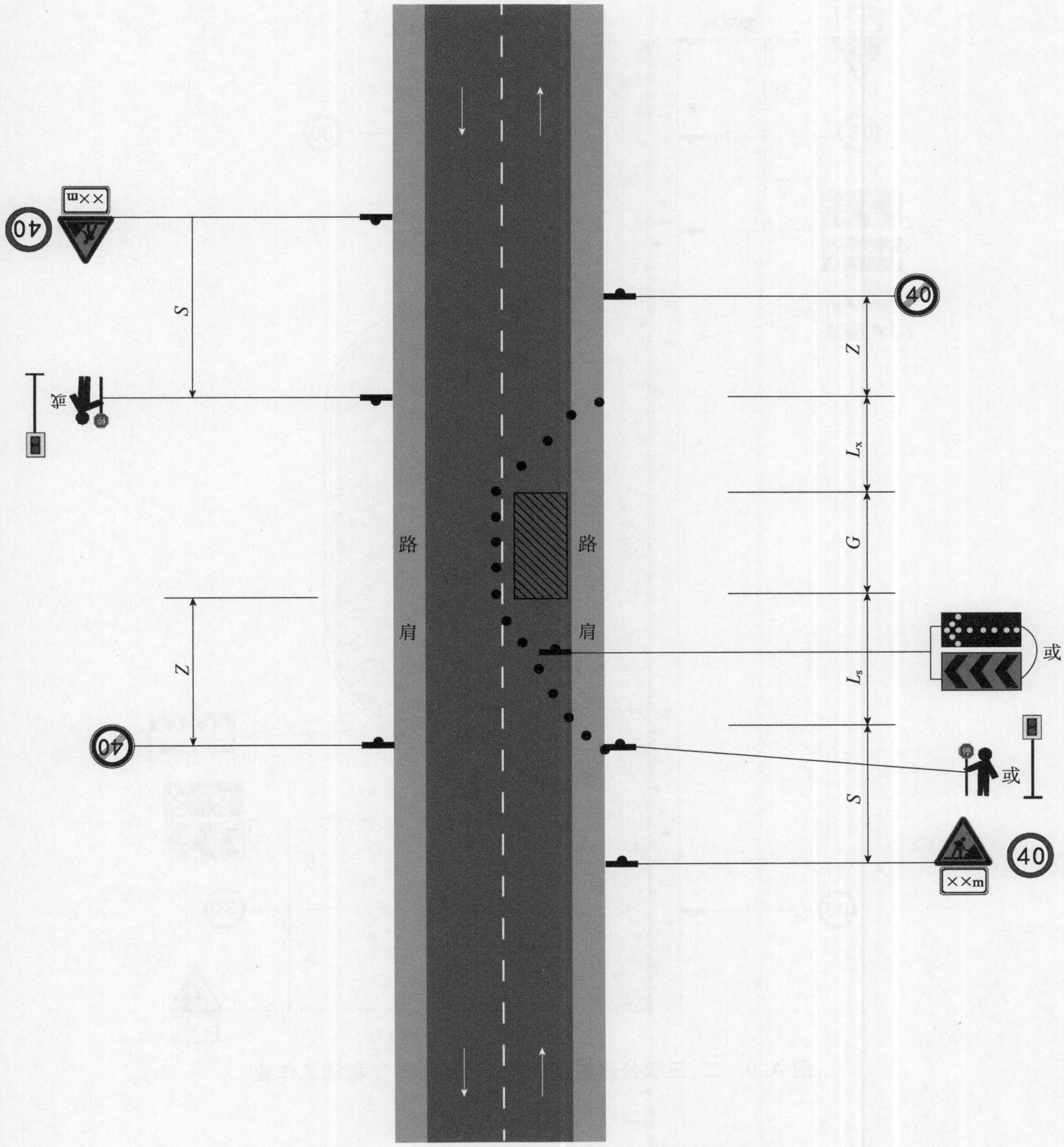

图 A.8　二、三级公路临时涉路工程施工作业

A.2.4　位于二、三级公路上的全封闭涉路工程施工作业，应采取分流措施或修筑临时交通便道。修筑临时交通便道的作业控制区布置应符合下列规定：

a)　控制区内应布设附设警示灯的路栏。

b)　作业车辆应配备警示灯或反光标志。

c)　临时修建的交通便道，宜施画临时标线，可设置交通安全设施。

作业控制区布置见图 A.9，以设计速度 60km/h 为例。

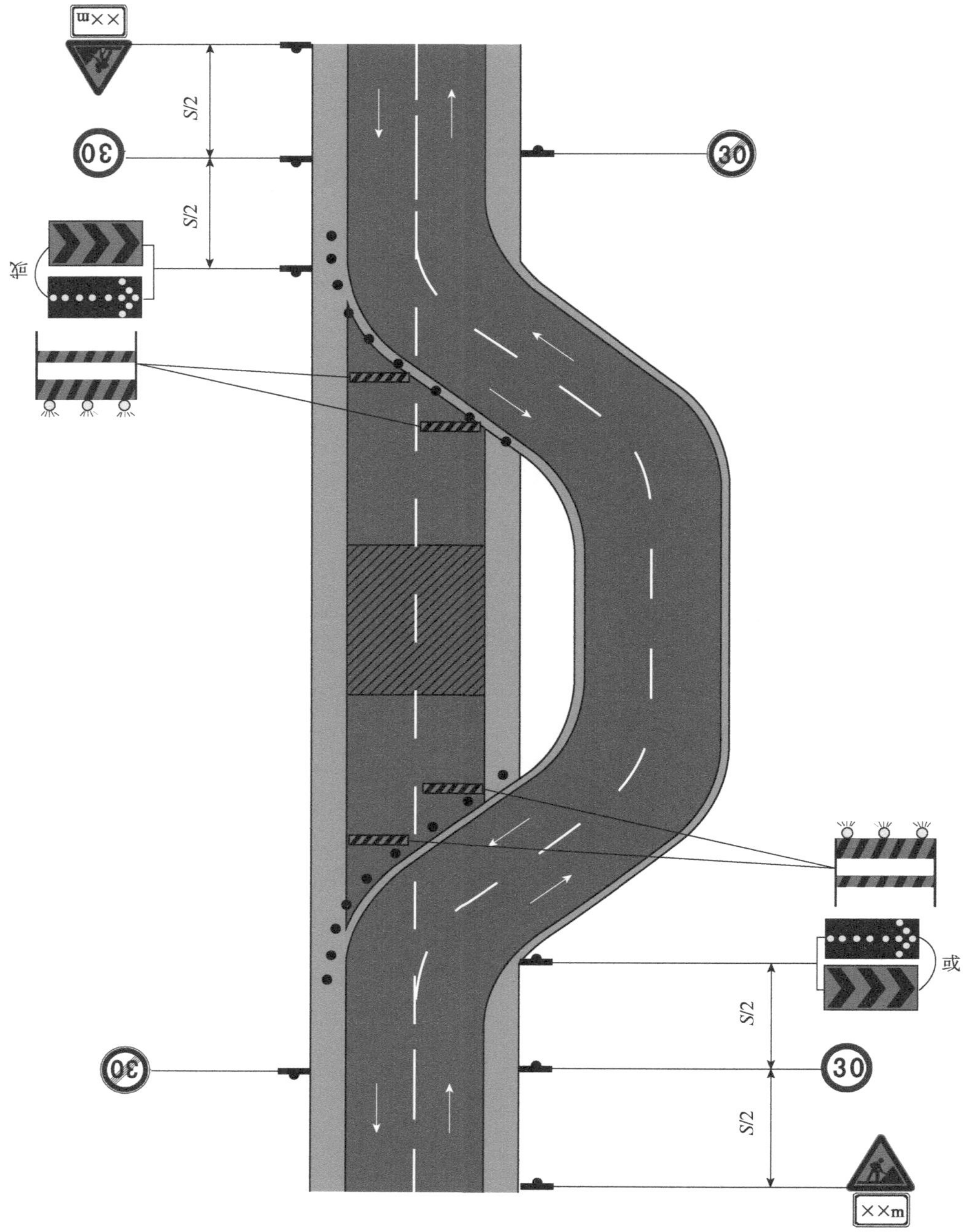

图 A.9　二、三级公路便道双向通行的涉路工程施工作业

附　录　B
（资料性附录）
临时安全设施图表及符号

表 B.1　临时标志

标志名称	编码	标志图案	备注	标志名称	编码	标志图案	备注
施工标志	D1-1		按国标的样式及尺寸	出口指示标志	D1-8		橙底黑图案，样式、尺寸按国标执行
施工距离标志	D1-2		尺寸参照 D1-1，距离宜取警告区长度	重车靠右行驶标志	D1-9		长×宽＝1200mm×400mm
施工长度标志	D1-3		尺寸参照 D1-1，长度宜取缓冲区与工作区之和	限速标志	D1-10		按国标的样式及尺寸
慢行标志	D1-4		橙底黑图案，样式、尺寸按国标执行	解除限速标志	D1-11		按国标的样式及尺寸
车道数减少标志	D1-5	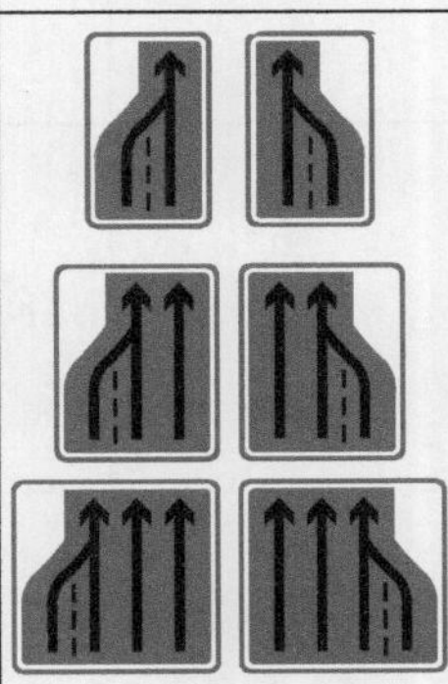	橙底黑图案，样式、尺寸按国标执行	禁止超车标志	D1-12		按国标的样式及尺寸
改道标志	D1-6		尺寸参照 D1-1	解除禁止超车标志	D1-13		按国标的样式及尺寸
导向标志	D1-7		橙底黑图案，样式、尺寸按国标执行	减速让行标志	D1-14		按国标的样式及尺寸
注：国标指现行 GB 5768。							

表 B.2 其他安全设施

标志名称	编码	设施图案	备注	标志名称	编码	设施图案	备注
交通锥	D2-1	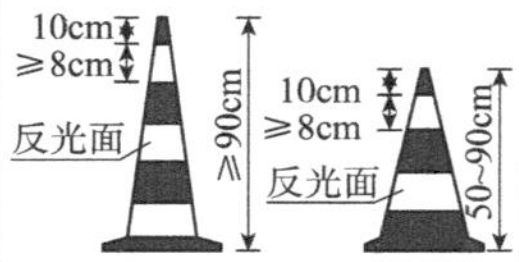	按国标的样式及尺寸	夜间照明设施	D2-9		灯光照射半径≥30m
带警示灯的交通锥	D2-2		按国标的样式及尺寸	夜间语音提示设施	D2-10		录音喇叭
防撞桶	D2-3	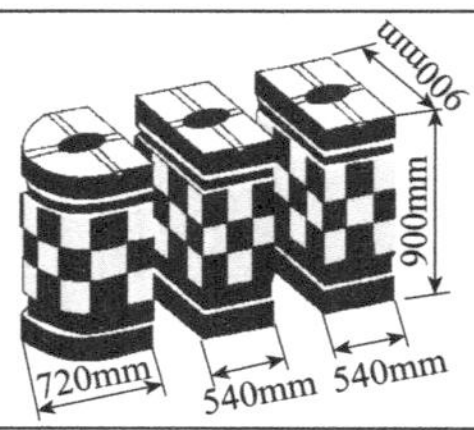	长×宽×高=900mm×540mm×900mm	闪光箭头	D2-11	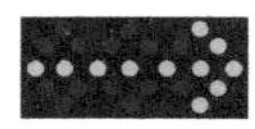	长×宽=1200mm×400mm，蓝黑底，黄色箭头
防撞墙	D2-4	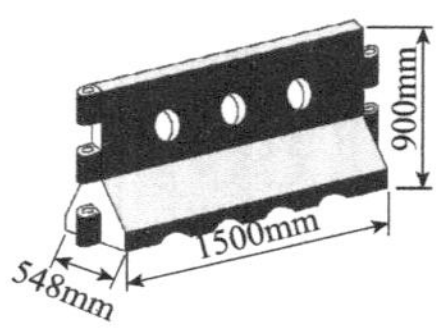	长×宽×高=1500mm×548mm×900mm	警示频闪灯	D2-12		黄色、蓝色相间闪光，可视距离≥150m
隔离墩	D2-5	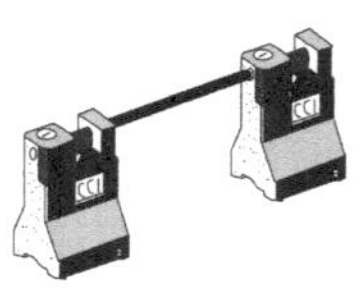	长×宽×高=500mm×400mm×500mm	车辆闪光灯	D2-13		360°旋转黄闪灯
附设警示灯的路栏	D2-6		按国标的样式及尺寸	临时交通控制信号设施	D2-14		间隔放行使用
水马	D2-7	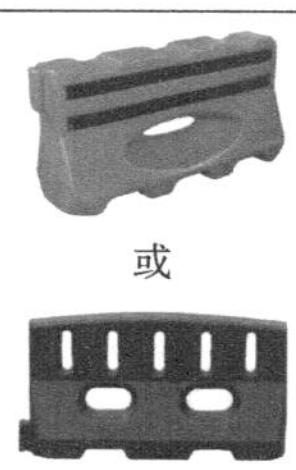	红色或橙色等鲜明颜色，高度不低于40m	移动式护栏	D2-15		空心钢结构，2m/组或4m/组
移动式标志车	D2-8	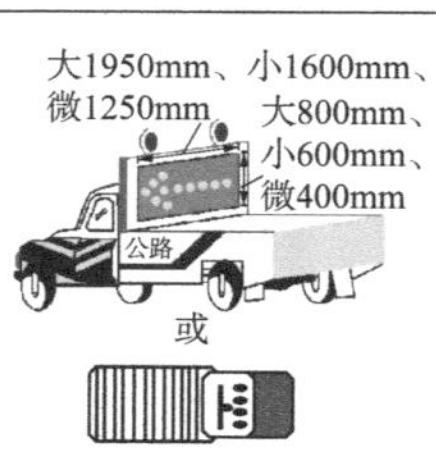	闪光箭头为黄色或橘黄色	车载式防撞垫	D2-16		依车型而定

表 B. 3　安全设施及交通引导人员符号

符号名称	符号
安全设施通用符号	
附设警示灯的路栏专用符号	
交通锥或其他车道渠化设施专用符号	
工作区专用符号	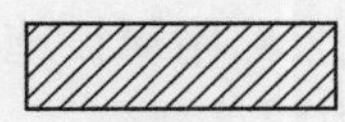
交通引导人员专用符号	

附　录　C
(资料性附录)
安全评价报告格式

C.1　一般规定

C.1.1　公路涉路工程的《保障公路、公路附属设施质量和安全的技术评价报告》文本格式应符合下列要求：

a)　《保障公路、公路附属设施质量和安全的技术评价报告》应包括：封面、扉页、资质证书、目录、正文、附件和附图等部分。

b)　评价报告用纸规格为 A4，左侧装订，附件和附图装订规格为 A4 或 A3。

c)　评价报告设页眉、页脚，页眉为报告名称，页脚左侧为编制单位，右侧为页码；页码格式为"第××页"。

d)　在扉页后应附编制单位和参加单位的资质证书复印件。

e)　扉页加盖编制单位印章。

f)　报告封面采用白色。

C.2　报告格式

C.2.1　封面格式：

a)　评价项目名称。

b)　涉路形式及与公路之间的关系。

c)　标题，统一为"保障公路、公路附属设施质量和安全的技术评价报告"。

d)　安全评价承担单位名称。

e)　评价报告完成日期。

C.2.2　扉页格式：

a)　扉页 1：

(1)　评价项目名称。

(2)　涉路形式及与公路之间的关系。

(3)　标题，统一为"保障公路、公路附属设施质量和安全的技术评价报告"。

(4)　安全性评价承担单位主要负责人、技术负责人、评价项目负责人等主要责任者签名；主要参加人员名单(含各类技术专家名单)。

(5)　相关资质证书名称及编号。

(6)　安全性评价承担单位名称及公章(或技术成果章)。

b)　扉页 2：

《保障公路、公路附属设施质量和安全的技术评价报告》编制单位及参加单位的资质证书彩色复印件。